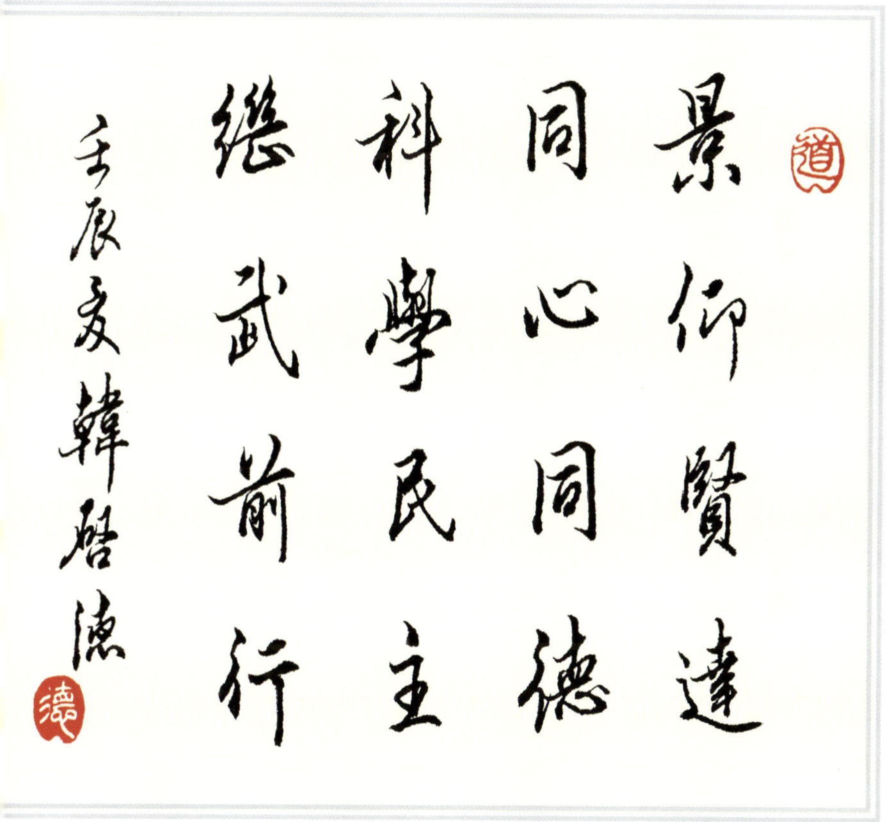
景仰賢達
同心同德
科學民主
繼武前行
壬辰冬韓啓德

2007年2月27日，“亚伟中文速录机技术与装置”荣获国家科技发明二等奖，时任国家主席胡锦涛与唐亚伟亲切交谈。

图为亚伟中文速录机，是唐亚伟近80年的研究成果，为中国填补了实时听打录入领域空白。

2004年5月，唐亚伟被国际速记联合会授予终身成就奖。

2006年5月，“亚伟中文速录机”荣获北京市科学技术一等奖。

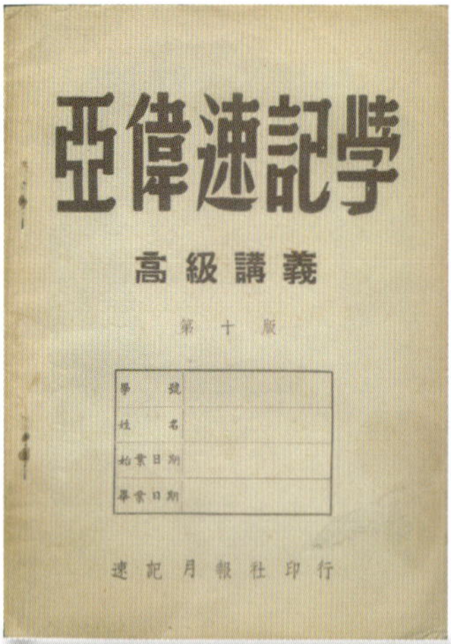

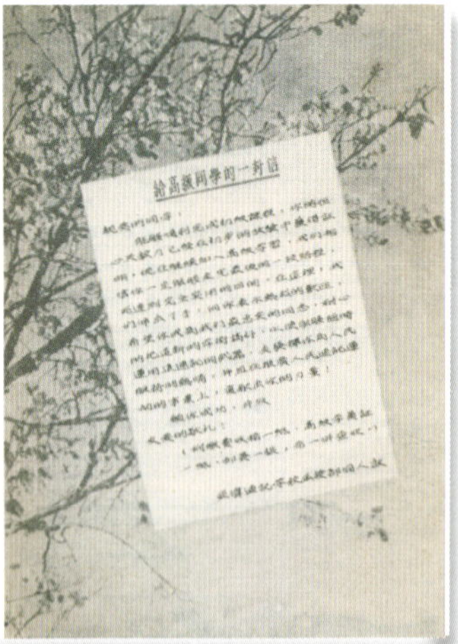

早期《亚伟速记学》高级讲义。

抗战时期唐亚伟开班讲授速记法。

1994 年，速记界四老（左起）唐亚伟、颜廷超、居正修、宋桧华相聚武汉。

九三学社 1950 年 12 月召开第一次全国工作会议。图中第二排右起第一人为唐亚伟。

唐亚伟的母亲钱幺姑。

年轻时的戴志贞。

年轻时的唐亚伟。

九江边。唐亚伟与戴志贞伉俪共叙80年前往事。

唐亚伟先生夫妇与作者。

九三学社人物丛书

唐亚伟传

江暖 著

學苑出版社

图书在版编目（CIP）数据

唐亚伟传 / 江暖著 .—北京：学苑出版社，2015.5

（九三学社人物丛书）

ISBN 978-7-5077-4764-5

Ⅰ.①唐… Ⅱ.①江… Ⅲ.①唐亚伟（1915 ~ 2012）—传记 Ⅳ.① K825.46

中国版本图书馆 CIP 数据核字（2015）第 080400 号

出 版 人：孟 白
责任编辑：李 耕 刘 丰
出版发行：学苑出版社
社　　址：北京市丰台区南方庄 2 号院 1 号楼
邮政编码：100079
网　　址：www.book001.com
电子邮箱：xueyuanpress@163.com
销售电话：010-67601101（营销部）、67603091（总编室）
印 刷 厂：河北高碑店鑫鸿源印刷厂
开本尺寸：880×1230　1/32
印　　张：9.25 印张
字　　数：200 千字
版　　次：2015 年 5 月第 1 版
印　　次：2015 年 5 月第 1 次印刷
定　　价：35.00 元

总 序

九三学社是在中共抗日民族统一战线政策影响和感召下，于抗日战争后期成立的，她参与新中国的建立，成为在中国共产党领导下爱国统一战线中八个民主党派之一。在共和国成立以来的 60 多年里，九三学社始终弘扬爱国、民主、科学的传统，与中国共产党风雨同舟，共同探索中国特色社会主义政治发展道路，在国家建设、改革、发展征途上留下了闪光的足迹。在此历史进程中，九三学社发展成为拥有 13 万多名社员、组织比较健全、有较强参政能力和较高社会地位的政党。

九三学社走过的历程，是一部无数优秀人物引领广大同仁一往无前、执着追求的奋斗史。抗日战争时期，面对国破家亡、山河破碎，九三学社创始人或多方奔走，参与抗日，或介绍新知，宣传救国。解放战争时期，面对独裁专制、民不聊生，九三学社同仁或大声疾呼民主，反对暴政，或积极主张科学，倡导革新。新中国成立后，面对百废待兴的局面，九三学社同仁和全国人民一起殚精竭虑、奋斗不止。九三学社各个时期旗帜性人物身上体现出的崇高风范和优秀品质，是我社最宝贵的精神财富。回顾九三学社的历史，我们有勇往直前、舍生取义的革命家和社会活动家，有淡泊名利、刻苦钻研的科学家，有不畏权势、追求真理的人文学者，有忍辱负重、甘为人梯的教育工作者……他们共同铸就了九三学社一以贯之的灵魂——爱国、民主、科学，九三学社的优良传统在他们身上得到最好的诠释。

九三学社中央一直重视整理保存社史、发挥社史资政育人的作用，2007 年又启动了以史料抢救和整理为重点、包括七个方面内容的社史工程。几年来，社史工程取得了显著成绩，《社史研究通讯》的编辑出版、社史专题片的拍摄、口述史工作的启动、社史文物收集等各个方面都有不同进展。“九三学社人物丛书”作为社史工程的一项重要内容，经过各方面辛勤的努力，也结出了丰硕的成果，第一批图书已完成了撰写、编辑，即将出版。这套丛书选取九三学社重要创始人、早期著名社员、历任社中央领导，以及在本人所从事领域里取得突出成就的旗帜性人物，力图以翔实的史料和平实的语言再现前辈先哲们曲折丰富的人生历程和绚丽夺目的光辉业绩。我相信，丛书的出版必将激发我社成员和广大读者继承他们的优良传统，体会他们忧国忧民的赤子情怀，感受他们坚毅从容的人格风范，学习他们精益求精的科学精神，为巩固、完善和发展中国共产党领导的多党合作和政治协商基本政治制度，为中华民族的伟大复兴，做出更大贡献。

是为序。

韩启德

2012年8月

目　录

这世界如果没有速记，历史上诸多重要的语言表达便无法得以记载。

这世界如果没有中文速记，此时与将来，全球五分之一的人便无法得到众多历史事件的完整解读。

于司法、外交及历史重大事件的现场记载，速记与速录所起的作用，在文明的今日，已经被无可辩驳地证实了。

楔 子

1930年，南昌。四月的下午，虽然有些微风，天气依旧闷热。赣江边上的摊铺林林总总。熙攘的人群中，有位少年立在一个小小的旧书摊前，聚精会神地看着手里的那本旧书。时而被过往的行人碰撞着，少年却全然不顾，心像块吸铁石，似是要把那书吸进去。

少年的背后，是名震中华的江南三楼之首“滕王阁”。虽然在十几年前成为废墟，但，一千多年前，14岁的王勃一首《滕王阁序》依旧是百世的绝唱。

“豫章故郡，洪都新府。星分翼轸，地接衡庐。襟三江而带五湖，控蛮荆而引瓯越。物华天宝，龙光射牛斗之墟；人杰地灵，徐孺下陈蕃之榻。……”

四月的南昌，一阵风就带来一阵雨。雨滴落在了书页上，少年猛抬起头，忙将书掖进怀里，从衣袋中掏出所有的铜板，递给书摊主人，双手按在胸前，在疾雨中离去了。

这本旧书的名字是《传音快字》，为清末蔡锡勇撰写。作为中文速记的创造者与推广者，蔡锡勇堪称中文速记之父。

买书的这位少年15岁，正是当代中文速记与速录机之父唐亚伟。

据历史记载，全世界的速记发明者，受到国家奖励的只有四位：英国的皮特曼（1822—1910），在他81岁时，被英国女王维多利亚授予勋爵称号。日本的田锁纲纪（1854—1938），在1896年政府下赐终身年金300万元，1924年叙勋六等。第三位蔡璋（蔡锡勇之子），于1923年（民国十二年）被大总统黎元洪特授予二等大绶嘉禾勋章。这第四位受嘉奖者就是唐亚伟。2007年2月27日，人民大会堂，国家主席胡锦涛授予唐亚伟国家科技发明二等奖，以表彰他为中文速记速录所做出的卓越贡献。

亚伟中文速录机的诞生，填补了中国的一项空白。一代速记宗师，完成了民族赋予他的历史使命。

第一章　速记始末

起源

通俗地解释速记，即快速记录语言声音的操作方法。

在 1896 年 10 月，发生了震惊世界的孙中山伦敦蒙难事件。清廷驻英国使馆设计诱捕了孙中山先生，伺机秘密押解回国处决。此事披露后，在舆论和英国政府的压力下，使馆不得不将孙中山先生释放。日后，孙中山先生在《伦敦蒙难记》中叙述了被外国记者采访的场景。到达旅馆后，记者蜂拥而上，连连提问，孙先生急促回答，但见记者奋笔疾书，速度之快，令孙先生惊诧不已。他写道："余入旅馆，被围于众人之中，有问必答，各访员（记者）随答随写，其疾如飞，欲观其所书，心且异之。盖余当时犹未知其所用者为速记书法也……"

中国民主革命领袖孙中山先生，此时发现了在疾风迅雨般的采访现场中，有一种方法可以快速记录下所有的即兴问答——“速记”。而且，速记这种方法已经在外国广为使用。孙先生在惊叹外国人的速记技术之余，对我们的国人还不知速记为何物而颇感遗憾。很巧，就在同一年，1896 年，蔡锡勇撰写的《传音快字》一书出版，标志着中文速记在中国问世。

其实，使用语言作为表达方式的人类，从很久以前便寻求着如何把即兴的语言完全记录下来。它的起源可以追溯到两千多年前。在公元前 10 世纪时，腓尼基人为了实现海外殖民和贸易，就曾经创造了一种速记，用 25 个字母符号，刻在黏土制成的小牌子上，这是世界上最早的拼音速记。公元前 350 年，古希腊人也创造出一种速记方式，用于记录讲演。历史学家色诺芬就是用这种速记符号记录他的老师、著名哲学家苏格拉底的回忆录。

古罗马拉丁语的速记是由一个名叫马尔卡·斯大利乌斯·泰罗的奴隶在公元前 82 年创造的。泰罗后被解放为自由民，由著名雄辩家西塞罗收为门徒，用作秘书，记录他的讲演，使其得以流传百世。公元前 83 年至前 76 年，苏拉执政，实行军事独裁，因政见不同，西塞罗逃亡雅典、小亚细亚一带，他的许多演说都是门徒泰罗速记下来的。公元前 63 年，西塞罗当选执政官，与卡提兰展开政权斗争，卡提兰企图发动政变，西塞罗采取紧急措施，逮捕了在罗马境内的卡提兰分子，由元老院指定法官审判。同年 12 月，大法官康顿指控和判决卡提兰阴谋叛变的言辞，是由泰罗的门徒用速记符号记录下来的。这是泰罗速记在法庭公开使用的例证，时至今日，法庭审理案件依然使用速记作为庭审现场的记录方法。

泰罗速记的符号是从草体拉丁字母中分割出来的，是一种缩略文字的方法，与我国的草书有相同之处，是一种草书体速记。它在罗马流传很广，且使用时间也很长。后来，在漫长的动乱岁月中被湮没了。泰罗的速记方法，是以文字为单位，需要记住几千个缩写方法才可以应用，因此，学习和应用都是不容易的，这是失传的重要原因。

1588 年，英国学者提蒙太·布赖特（Timothy Bride）到罗马考古，发现了泰罗符号，随之将其改编成正圆体系的英语速记，写成《符号法》一书，献给英国女王伊丽莎白一世。女王给了他十五年专利权。就此，英文速记兴旺起来。

至 17 世纪，威利斯（Wilis）式速记问世。他发明了拼音的速记，设计了一套完整的以字母为主的方案，只用少数符号，拼缀出所有的文字。从此，威利斯式速记给世界现代速记开辟了一条新的道路。

1765 年，法文速记问世。1796 年，德文速记问世。1844 年，美国速记问世。1858 年，俄文速记问世。1882 年，日文速记问世。英文速记在现代被广泛使用的是 1837 年皮特曼的旧式正圆体系速记，直至 1888 年葛锐格的《轻线表音速记法》出版，对旧式的皮特曼体系进行了革新。葛氏采用了一种新的椭圆体系，应用上大大突破了前人的水平。

1896 年由蔡锡勇撰写的《传音快字》，开创了中文速记技术的先河。中国速记界也把 1896 年作为中国速记史的纪元之年。在蔡氏之后，中文速记的另几个版本也相继问世，如沈学 1896 年出版的《盛世元音》，王炳耀 1897 年出版的《拼音字谱》，力捷三 1896 年出版的《闽腔快字》，张文龄 1908 年出版的《传音快字》。不过，这些与蔡氏速记在应用与推广方面无法比拟。

蔡氏父子

蔡锡勇，1847 年生于福建龙溪（今龙海市）的一个商人家庭。17 岁考入广州同文馆。蔡锡勇在同文馆期间，显示了卓越的语言才能，成绩优异，是当时唯一获“监生”称号进入北京同文馆的学生。25 岁的蔡锡勇以

"福建龙溪监生、翻译官"的身份，免试进入了北京同文馆深造。

同文馆是我国近代第一所正规学习外国语言的学校，成立于1862年。隶属"总理各国衙门"，即清政府外交部前身。同文馆是为了解决清政府外语人才匮乏而创建的学校。自鸦片战争后，培养能够直接与洋人对话交流的外语人才成为清朝政府的紧迫之需。1875年（光绪元年），清政府与各国建立外交关系。派二品顶戴刑部郎中太常寺卿陈兰彬（字荔秋）为首任出使美利坚合众国钦差大臣。蔡锡勇任翻译，随从出洋。在驻美钦差公署工作期间，蔡锡勇第一次接触到了西方国家的速记。他在《传音快字》中写道："余昔随陈荔秋副宪出使美日秘三国，驻华盛顿四年翻译之暇，时考察其政教风俗，尝观其议政事，判词讼，大庭广众，各持一说，反复辩论，事毕各散，而众论异同，业皆传播，记录稠叠，稿常盈寸，揣其必有皆法，继询彼都人士，使知有快字一种，行之已久，作者不一家，师承各异，然皆能笔随口述，不假思索，手不停挥，率每分钟作二百余字……"

蔡锡勇被西方的速记震撼了。于是，他情不自禁地沉迷在速记之中，决心发明中文的"快字"，也就是速记法，立志要为中国大众创造一种易学易懂的"快字"，以扫除文盲，学习知识，强盛国家。然而，蔡氏要研究速记的初衷与速记真正的用途相差较远，究其原因，是与中国当时的国情相关。

晚清时候，尚属封建制度时期，既没有近代的议会，也没有代表大会等会议，新闻发布会及答记者问更是谈不上，司法与外交等方面也无须一字不差地据实记录，速记还远没有像西方国家那样可以准确地派上用场。所以，蔡氏研发快字是以利民强国为目的，可见这位晚清知识分子的一片拳拳爱国之心。

1896年（光绪二十二年），时逢清朝政府开展文字改革的切音运动，在这一年出版的切音新字方案中，有三种是使用速记符号的：一是蔡锡勇的《传音快字》，二是沈学的《盛世元音》，三是力捷三的《闽腔快字》。其中可以正式转化为速记技术的，是蔡锡勇的《传音快字》。

《传音快字》的发表，使中文速记有了启蒙之作，也为后人研究中文速记奠定了重要的基础。

至晚清，倡言“君主立宪”筹设资政院时，清政府方知道开会记录需要速记人员。此时，踏破铁鞋也无法找到职业速记人，使清政府大伤脑筋。有人建议清廷派员赴国外，专修速记术，以两年为期，学成回国。消息传出，舆论大哗。1908年（光绪三十四年）4月23日，上海《神州日报》发表社论，“西方各国言文一致，记录方便，中国语言万字大相径庭，但各种方言繁杂，本省之语言不能通信各省”，反对资政院派员出洋学习速记法。后来，资政院章程起草主任任荣宝从驻日大使胡维德处得知日本有位速记专家熊崎健一郎曾于1908年2月出版了一本《支那语速记术》，便想求助日本专家。但是，1909年8月，清廷委请日本驻华武官青木致电福岛欲聘熊崎来北京主持速记教学时，熊崎以日中文不同谢绝了。

看来依靠外国是不行的，清廷只得在国内寻访简笔汉字著作，以代替速记。终于在京师译学馆发现一位叫蔡玮的学生能够应用一些简单符号记录讲词，便召他来询问，得知为其已故之父蔡锡勇所传。清政府这才知道中国已经有了速记，而且在日本人《支那语速记术》之先很早。大喜之后，欲聘蔡玮（蔡锡勇之幼子）担任速记教授，终因其年纪太小，学业未成，改召其兄蔡璋来京任速记教学与速记记录工作。

蔡璋（1875—1958），字子英。除对于其父的《快字》学说了如指掌，还曾去日本考察学习过日本速记。接到清廷电报，他便辞去一切事务，从武汉来到北京，筹办了清资政院的速记学堂，主持中国速记学堂的教学。1912年民国成立，速记学堂更名为京师速记传习所，先后培养出专业速记人员200余人。蔡璋在研究了日本田锁纲纪和熊崎的速记后，改进了他父亲从美国凌士礼速记受到启发而创作的《传音快字》，写成了《中国速记学》，此书于1913年出版，这是我国以速记命名的第一本专业书籍。

自1910年资政院开会起，直至民国的历届国会，皆是蔡璋和他的学生担任速记。他们记录的大量速记稿至今还保存在国家档案馆里，成为重要的历史文献资料。由于蔡璋主持的速记工作有功于文化，获得民国颁发的四等嘉禾勋章及二等大绶嘉禾勋章。

从符形体系上看，这一时期的速记，受英文皮特曼速记的《象形记音学》（Stenography Shorthand）的影响较大，都属正圆体系，同时也受到日文田锁纲纪和熊崎健一郎的影响。蔡氏的《传音快字》、《中国速记学》为中国速记的发展提供了重要启蒙。

必须要说的是，蔡氏父子的速记理论之所以没有发展起来，原因众多，其中一个主要问题是：蔡锡勇研究中文速记，源自中国百姓难于学认笔画繁杂的汉字，他想创造出一种易学易懂的字，扫除文盲，普及教育，以替代汉字。其实，这是行不通的。因为速记只有在文字的基础上才可以发展起来，是文字的辅助工具，没有掌握文字的人，是不可能掌握速记的。由于蔡氏的速记方案设计初衷既是如此，使用与学习便很难适用。时间是最严厉的考官，以至蔡氏的《快字》到了30年代，基本被历史湮没了。其原因与世界上早期速记的失传有相似的缘由。

漫说

速记是什么？即用特别简单的记音符号和词语缩写符号记录语言声音的方法。(《辞海1979年版》)

速记是用最简单的符号记录下最复杂的汉字声音。

广义地说，速记，就是按照语言的规律和手、眼活动的生理规律，采用一种系统的、科学的简便符号和略写法则，来记录语言或表达个人思维的快速书写、打印或转换技术。它是文字的辅助工具，也是重要的信息手段。目前按其表现手段不同，分为手写速记、机械速记和电脑速记三大类。什么是速记学？即：研究准确、快速表现语言、文字、思维的科学。它是应用语言文字学的分支，也是语言文字信息工程学的一个组成部分，属于社会科学的应用科学。[①]

语音从发生到消失，中间所经历的时间非常短，构

① 韩珠璇：《速记——快速记录语言信息的文字工具》，《文字比较研究散论》第262页，中央民族出版社，1993年1月出版。

造繁杂的文字，在语言表达时是绝不能将语言完全记录下来的。速记学，必须要创造一种简单的符号，迅速地将语音保存下来。

各国的文字大都根据本国的语音，由字母拼缀，各个字母具有确定的音值[①]，只是构造和写法不很简单，因此即便是字母拼缀，快速记录语言也是困难的。

速记学是根据语音的发音原理，制成基本符形，以代表各种音素[②]，然后依照音素拼缀的原则，将此基本符形连接变化以记录千百种不同的声音。

汉语的书面符号是汉字。汉字与其他文字不同，它是一种表意的文字，是用一定体系的词素[③]文字，不直接或不单纯表示语音。汉字共有 6 万多个字，通常用的大约 5000 至 6000 个，一个字一个形体，看了形不能就读出音，读出音不能就写出形，看了形和读出音也未必

① 音值：指人们实际发出或听见的语音，对音位而言。例如 dai(代) 里的 a 跟 da (大) 里的 a 音值上有些不同，但在汉语普通话里是一个音位。

② 音素：语音中最小的单位，例如 mǎ 是由 m、a 和上声调这三个音素组成。

③ 词素：语言中最小的有意义的单位。词根、前缀、后缀、词尾都是词素。有的词只含一个词素，如“人”、“蜈蚣”等，有的词包含两个或更多的词素，如“老虎”包含“老”、“虎”两个词素，“蜈蚣草”包含“蜈蚣”、“草”两个词素，“图书馆”包含“图”、“书”、“馆”三个词素。

懂它的意思。汉字的这些特点，给学习和使用造成了一定困难。且，汉字结构复杂，笔画繁多，在 1952 年教育部公布的 2000 个常用字中，平均每个字有 11.2 笔，17 笔以上的有 221 个。如果用汉字记录语言，每分钟最快也只能达到 30 至 50 字，而汉语的语速每分钟平均为 120 至 200 个字。汉字字数和笔画如此之多，又与汉语的语速相差悬殊，势必使汉语表达与快速记录成为矛盾。汉语速记要解决的就是这个矛盾。

解决的方法是：将表意的符号改成表音的符号，也就是使用拼音的方式作为中文速记的基本符号。汉字总数虽然 6 万多个，由于有许多的同音字，所以就音节①来说，只有 400 多个，这 400 多个音节又是由几十个韵母和声母拼读而成。如汉语拼音方案，计有声母 21 个，韵母 35 个，共用 26 个字母表示。也就是用这 26 个字母，便可以拼音出 400 多个音节，来表示几万个汉字的读音。

现代汉语速记的基本符号和音节符号的读音，大多是以汉语为依据的，是根据《汉语拼音方案》制定的。以《速记学教程》为例，其基本符号 54 个（声符 21

① 音节：由一个或几个音素组成的语音单位。一般讲，一个汉字一个音节，一个音节写成一个汉字。也叫音缀。如 y 和 u，拼成汉字语、与、雨、予、宇、羽等）。

个，韵符 33 个）。现代汉语速记的符号虽然大多是根据《汉语拼音方案》制定的，但又与《汉语拼音方案》不尽相同。《汉语拼音方案》采用拉丁字母，而速记字母比拉丁字母更简单，汉语拼音的字母必须加一个韵母才能成为一个音节，速记为了简单，声符本身也可以自成一个音节。汉语拼音汉字读音，通用于其他同音汉字，并且不标声调。这样就使得速记“以一当十”了，此为符号数量上的节省。

另外，每种速记符号的设计可称之为“速记设计方案”，速记设计方案是以简单易学、适用性强为本。在蔡锡勇之后的 80 年中，有几十种中文速记方案相继问世。在创造与使用过程中，设计者们都深深地意识到，速记方案必须来源于科学的依据。什么是速记的科学依据呢？即：速记符号的设计、配音和词语缩写方法的制定所依据的理论是否科学。

同时，优秀的速记方案，解决“快速”记录是一个更重要问题。汉字基本为一字一音或一字一音节，汉语在表达时发音速率最快可达 350 字，用汉字记录一分钟最快只能写下 50 字，再多就潦草难辨了。（汉字的草书体其实也是一种速记方式，难于辨认就是草书的最大弊病。）就一般的速记方案来说，也只能做到每分钟记下 120 字左右。如果不能把所要记录的语言全部记录下来，就不是最适合中国语言记录的方法，也就会渐渐失去持续发展、高普及率的社会效果，因此，速记的灵魂第一是“快”字，第二是“省”字，再就是“易学”，这是优秀速记方案需要具备的。

完成了全部语言的快速记录后，再经过“译”，最终呈现出来一篇完美的文字稿，这便是达到了中文速记最完美的境界。

近代，英文速记《皮特曼式速记》和《葛锐式速记》在西方被广泛使用。伊萨克·皮特曼爵士首创了用于商业的表音速记方法，他的手册于1837年最初出版。这一速记方法为正圆体体系，流行于20世纪初期。后来其弟本杰明·皮特曼对原来的皮特曼式进行了改进，于1855年在美国出版了皮特曼式速记的第九版。这个速记系统在20世纪二三十年代，广泛用于美国商业界与新闻界。1893年，葛锐格式椭圆体系速记在美国出版，这个方式的优点在于简单，充分接近语音，可以用代表语音的符号表示词，但又不至于细致到使学习者觉得混乱。因为从1883年美国早期出版的速记系统中，葛锐格速记方案取长补短地进行了多次修订，最后演化出葛氏精细的速记方法。基于此，葛氏速记便也很快在美国西部、中西部和南部被普遍使用了起来，经几十年在美国的推广与应用，成为美国大部分地区主要使用的速记方法。葛式速记在法庭审讯记录中，使用者查理士·利·斯维姆达到了每分钟 280.4 个词的速度，成了速记冠军。这一事例不是具有特殊能力的人所创造的，陆续出现了许多葛氏速记高速速记员证明了这一点。[①]

皮特曼速记与葛锐格速记发展与应用期间，学习和使用者只对技巧本身感兴趣，他们热衷于比较，寻求速记方式中更迅速、更准确的书写方法。他们懂得一直试图用速记来表示语言，速记技巧跟良好的书写与口语能力密切相关。因而，两种方式的修订者都提出了优化学习过程的新方案。

由于皮特曼式速记和葛锐格式速记都是根据语音结构设计的，所以两者都可加以变通后用来记录各国语言。

我国中文速记最早发明人蔡锡勇先生是以皮特曼式为蓝本，之后的多个中文速记方案皆为皮特曼式正圆体系。而第一个以葛锐格式椭圆体系为蓝本，设计了中文速记方案的人是唐亚伟，并命名为“亚伟中文速记”。

“椭圆体系是从两个椭圆形和一个斜米形中发展出来的，也称流线体系。它的特点是符形简单，流利美

---

① 《速记知识》第 183 页，摘自《美国大百科全书》24 卷，1978 年版。

观，笔势活泼自然，没有正圆弧形、垂直形、尖撇笔画，便于连写，符合手写的生理运动规律，也因此速度较快。葛锐格博士的这个速记方案，经100多年的应用，得到了广泛的赞赏与使用，几乎覆盖了整个英文速记领域，可算极为优秀。”唐亚伟如是说。

纵观历史，汉语速记的符号，根据其设计思想与符号来源不同，习惯上分为下面几种体系：

1. 正圆体系：又称“几何体系”，它的符号都是从一个正圆和一个正米字分割出来的；

2. 椭圆体系：又称“流线型体系”，其符号是从一个椭圆形和一个斜米字分割出来的；

3. 叶子形体系：是从叶子的轮廓和叶脉分割出来的；

4. 斜体式体系：又叫“草书体系”，符号是从斜体字母或汉字基本部件分割而成。

以上是速记符形体系的分类。如果从表音方法上分，可分两大类：拼音式和非拼音式（一线一音式）。

速记方式似乎有一种共同的生命史，在最初阶段是简单易学、易用的，但达到的速度有限。一个成功的速记方式，要经过多次修订，每次修订的目的都在于提高效能。有的改进是为纠正早期存在的矛盾，有的则是要提高书写速度或清晰度。换句话说，是速记的使用者发展了便捷的方法，并介绍到本系统中来，从而提高了速度。这些方法使得速记方案设计更为精密，这样初学者的学习便更加困难，不适合个人采用。到了19世纪80年代，皮特曼速记在英国已经做了多次修订，经过了多次改进，许多人认为它变得难学了。[①]

① 《速记知识》第187页，摘自《美国大百科全书》24卷，1978年版。

第二章　幼年境遇

唐亚伟，原名唐恭汉。祖籍湖南衡山。1915 年 5 月 27 日生于湖北宜昌。成长在江西九江。

父亲唐允懋，原籍湖南衡山，在清末战争时期唐家的曾祖随军队来到江西九江，以后的几代人便生活在九江。唐允懋是读了点书的人，由于家境不宽裕，成人后做了川汉铁路工人，在宜昌段工作。与宜昌人钱幺姑结婚，婚后的一段时间因工作关系借居在宜昌。

九江，史称浔阳、江州，是一个极富历史文化的城市。面长江，靠庐山，倚着鄱阳湖。“谁将半幅江湖景，移置千峰最上头”的山水，自然是读圣贤书的地方。九江的星子县就出了一个陶渊明，又将九江的这山这水，再度描下了浓而重的笔墨。千百年来，有多少文人沿着陶公的踪迹，寻觅桃花源，在这里写下百世不朽的文字。因白居易“浔阳江头夜送客，枫叶荻花秋瑟瑟”的《琵琶行》，这里便有了琵琶亭。因李白的到来，有了人们读诵至今的绝唱“日照香炉生紫烟，遥望瀑布挂前川。飞流直下三千尺，疑是银河落九天”。因诗圣杜甫的仰慕，这里有了“焉得思如陶谢乎，今渠述与作同游”。更有豪放的苏东坡一句“不识庐山真面目，只缘身在此山中”家喻户晓至今。而教育家朱熹重开的“白鹿书院”，在民国的新学堂兴起前，可称中国的教育圣地。他提倡学生学习陶渊明的高风亮节，“宋晋人物，虽曰尚清高，然个个要官职，这边一面清谈，那边招权纳货。陶渊明是真个不要，此所以高于晋宋人物”。1936年，冯玉祥将军在张家口失利后，也来到庐山，写下著名的《墨子篇》，隐居太乙村，在宅前刻下《隐庐》。

既然历史的长河奉与九江如此厚重的文化底蕴，那么人来到世上就要读书，便成了九江人与生俱来的夙愿。

唐亚伟是唐氏夫妇唯一的孩子。孩童时期的家境尚算小康。6岁时父亲唐允懋经过一些奔走，使他得以进入宜昌一家私塾，和其他几家的孩子一起附学。在私塾读书的几年里，唐亚伟从诵读古文至毛笔字抄写，按部就班地接受了中国最基本最扎实的儒家教育。

唐亚伟出生的前十年，清朝废止了科举制度，开始提倡学子进新式学堂读书。由于唐允懋仅是普通的铁路工人，其收入只能维持一家吃喝度用，并不属于可以供儿子上新式学堂的那个阶层，在人家的私塾里附学，是唐亚伟唯一能受到教育的地方。

唐亚伟所附学的私塾，与中国所有的旧学一样，教学相当苛严。学习的方式与中国所有的私塾无大差别：从读《百家姓》、《三字经》、《童诗》到读四书、五经，这些只是背诵与抄写。到了后面的《孝经》、《大学》、《论语》、《孟子》、《诗经》时，除读写外，先生开始讲解，直至读完《庄子》、《荀子》、《史记》等。

中国私塾的兴旺始于雍正年间，当时为使更多的孩子读书认字，由乡绅集资办了许多私塾，又称义塾。到光绪年间，私塾所用的这些教材，在长江流域很普遍。胡适先生在《四十自述》中说，12 岁前读完了《朱子》、《大学》、《论语》、《孟子》、《诗经》及《资治通鉴》等等。

唐亚伟 6 岁至 12 岁的 6 年时间里，在中国古文方面打下了相当坚实的基础。私塾中每天书写毛笔字，是最基本的课程，凡文必抄写，写成后送先生一一过目，稍有粗草者先生便有严罚。我们见过诸多先辈们的字，无论学科如何，字迹皆为清晰工整。这恐怕是要归功于旧学。在私塾里，几岁的唐亚伟偏偏最喜写字，从此他一生中的每时每刻没有离开过对汉字的研究，命运的安排，简直奇妙得如同天造地设一般。

至于书写汉字，每个人都有不同的经历，不知这是否与天赋有关。有的人从一开始写字便可以一笔一画，横平竖直，字间、行间自然排列整齐。待大部分人要练字时，这位的字已经写得很好了，随手一篇字就会引得他人赏心悦目。唐亚伟书写汉字就属这一类人。到了10岁时，他的字已经很拿得出手了，时而能受到先生一点点的褒奖，这在私塾中也实属少见的事。

无论因勤奋，还是因天赋，两年以后，14岁的他，命运得以有了重大转折，确确实实就因为这手好字。

母亲的路

人们常说一句话：成功的人后面总是站着一位伟大的女人，这女人不是此人的母亲就是他的妻子。唐亚伟很幸运，在他的身后面，站着两位平凡而伟大的女人：一位是他的母亲钱幺姑，另一位便是他的妻子戴志贞女士。

母亲钱幺姑的娘家在宜昌开米号，是小富人家。因在家中排行最小，名幺姑。与九江一样，宜昌在明清时期以来，盛产大米和茶叶，长江边上林立着无数间米号与茶号。

钱幺姑读过一点私塾，稍有文化，能看书与往来简单的书信。唐亚伟 12 岁时，他的父亲不幸去世了，母亲钱幺姑那年 34 岁。丈夫去世了，面对 12 岁的儿子，太多的眼泪只能先咽进肚子，她要想想如何把儿子养育成人。我们不能不说，唐亚伟母亲之伟大，不仅限于对儿子的怜爱，应该说她是位理性而坚强的母亲，钱幺姑立誓要让儿子继续读书，更要让他成为一个有用的人。

痛定思痛，钱幺姑毅然选择了居丧守节——随夫姓，按丈夫唐允懋排列，更名为唐允秀。作为女人，她为自己选择了一条不归的路。

因父亲的去世，宜昌的私塾已经不能再读，唐亚伟的学业就此中断。钱幺姑带着年幼的孩子，在安葬了丈夫后，已经身无分文。虽然娘家可以有些添帮，也仅是一时糊口之份。钱幺姑带着幼子在娘家过了一阵子后，深感如果在娘家待一辈子，要实现儿子成才的愿望，实在不可靠。自丈夫去世，自己变得一无所有，孤儿寡母历经世态炎凉，在看了些冷脸后，她再次下决心，毅然脱离自己的娘家，要独自把儿子抚养成人。这决心在民国年间，是需要些坚强的个性来支撑的。她说：“丈夫死了，我固然悲哀，但似乎还有一种比丈夫死更重要的事情占住了我，这就是我要抚育我的孩子成人。我在埋了他父亲的那一刻，就决定了我要忍受一切，来完成我的任务。”带着这坚定的决心，她领着12岁的小亚伟回到了九江，回到了唐氏家族的聚居地。

不想，摆脱了自己娘家的冷淡，也没有迎来夫家的热情。丈夫唐允懋生前和大房已经闹翻，自己分出去在宜昌自给自足，很多年未有什么密切往来，这孤儿寡母乍一回来，唐家的人们先是震惊，接下来是不冷不热的回应。也许是看在钱幺姑立志守节、随夫改姓的份上，有位远亲同意廉价租给他们一间小屋，位置在清风阁巷子的尽头处。于是，这母子便在九江安顿下来。

钱幺姑没有忘记她的任务，但是眼下，他们母子的吃喝尚且没有着落，自己做零工所得的一点点收入，常常有上顿没下顿，饥饿中的儿子显见瘦了许多，儿子进学校的心愿只能先缓一步，待寻机会吧，得先找一个可以让儿子吃饱饭的地方。她手牵12岁的儿子，沿着九江四码头的商业街一家家问询，寻找做学徒的地方，条件很简单，穿暖吃饱就行。但，走遍了四码头一条街，竟没有一家接纳。天黑了，下起细雨，手牵儿子的钱幺姑，在湿而冷的街上来回走着，嘴里一遍遍念叨：“找个地方学徒就这么难？就这么难？怎么会这么难！”她边说着，边低头看看儿子，眼里流出热辣辣的泪。

这样走了几天，终于，一家糖食店同意收留这个恳求了几次的孩子。

店里自做各种糖食和甜点心，生意还算不错。学徒生活使得唐亚伟的衣食问题有了着落。糖食店用西瓜籽仁烘烤甜点心和糖瓜子酥，甜香好吃，需要大量的西瓜子。小学徒把西瓜瓤子掏出来，晒干后，拿到江里浸泡筛选。

九江的冬天常常大雪纷飞，气温冷至零度以下。小亚伟光着脚站在江边，手里端着竹斗箕不停地摇晃，把漂浮在上面的西瓜瓤子捞出去，留下干净的瓜子；从早到晚泡在江水里。长江的水在深冬时节是很冷的，双脚乍一下去，钻心的凉，泡久了，便麻木得没了知觉。不久，脚底板上就生成大块大块的冻疮，时间再长些，便开始流血流脓，直至春天，伤口才慢慢愈合。愈合后的脚上永远留下了深深的、凸凹不平的疤痕。

看见这些伤疤，做母亲的心像被刀割一样。钱幺姑又开始想办法，必须要儿子离开这个学徒的地方。这时，庐山上开百货店的一位表舅伸出了援助之手，本不愿意儿子离开身边的钱幺姑，也只得忍泪接受了。看着儿子随表舅远去的影子，钱幺姑擦去了眼泪，她的心硬了起来，因为那个“任务”再次浮上了心头。

在清风阁的把口处，有一座基督教堂。每当幺姑从巷子出来，总能听到教堂里面传来的阵阵诵经声，声音平和而安详。不知从何时起，这诵读声常常吸引她停止脚步，靠在墙上细细聆听一会儿。为了生活，为了给儿子积攒学费，她日夜不停地奔波着，此时，这声音，这安静，一时间竟让她把劳累和忧愁淡忘了。

这个教堂属于基督教的一个支系，即基督复临安息日会。这是一个温和的派系，主张耶稣基督复临。“在天上及地上的教会，都被视为家”，“收养与重生”。家的比喻，显示出一个关心人的教会“是人被爱，受尊重，被重视的地方。是一个其中的人，承认需要互相帮助的地方，是才干得以发挥的地方，是人成长的地方，是人人都获得满足的地方”[①]。

钱幺姑把这些陌生的话听了又听。孤儿寡母的生活是冰冷的，听了这些话，心，似乎感觉有股暖意漫了上来。

现实中，钱幺姑发现在教堂里面干活的人，可以较为安稳地挣到钱，即使不够全部的生活费用，有了困难时教友及牧师们会给予热情的帮助。更重要的是，她发现教堂还与几所学校关系密切，这令她一下子动心了，于是，她便小心地暗中关注。渐渐，她知道了那些学校

① 《基督复临安息日会基本信仰二十七条》第150页。

就是教会办的。这让她且惊且喜，在心中盘算了一阵子后，开始在住家周围接触信教的姐妹。

功夫不负有心人，不久，钱幺姑由一位姐妹介绍，在教堂里找到了可以得到报酬的事情做，干这些工作在她看来很简单：发送传教的宣传品，打扫卫生，去帮助教会指定的发生了困难的人，等等。报酬虽然微薄，但对于这个一心要抚育儿子成人、一心找机会让儿子进教会学校的寡居妇人来说，实际又可靠不说，总是有机可待的。渐渐地她更加明白了，在这里只要诚心诚意地工作，她身负着的那个任务和她等待的机会大有希望完成。果然，一段时间后，机会终于等来了：教会学校缺少一个女学监的位置。这个有固定薪水的工作令她万分振奋，下决心一定要争取到。经众多教友姐妹的帮助，加上有略晓文字的优势，她如愿了。

女学监，就是女生宿舍的管理人员。这工作在钱幺姑来说，真是得心应手。她勤奋而踏实，把女生们的衣食起居管理得有条不紊，教会的一些事情亦可如常参与。一段时间后，这位女学监得到了人们的一致赞许。

不久，唐亚伟一封从庐山写给母亲的信，寄到了学校，与众多信件一起阴差阳错地被送进了校长办公室。当这封信经过校长手的瞬间，引起了这位教会高级管理者的注意。只见信封上面的字迹，工整而干净，他相信这字体出自训练有素之手。于是，钱幺姑被请到校长办公室，告知校长，这信是她在庐山上做学徒的13岁儿子写的，因为丈夫去世，家中没有经济来源而不得不弃学了。校长沉默了，凝视着远方迷雾中的庐山……

第二天，钱幺姑又被请到校长室。听了校长决定要帮助她儿子继续上学的话，钱幺姑，这个为抚育儿子成人而居丧守节的妇人，不禁泣不成声。校长是位中国牧师，因为所在的学校是女校，不能收留这男孩子，但他不想让这个写一手好字的孩子辍学，于是，他把这男孩子推荐给了汉口三育中学的校长。

唐亚伟终于可以去读书了。接到妈妈托人带来的口信，13岁的唐亚伟没有等到第二天，连夜从好汉坡飞奔下来。这一路算算要二三十里地，到了母亲面前时天还没有亮。

儿子去读书了，钱幺姑后面的路依旧还是很长。除了继续读书，唐亚伟后来为了推广发展这个鲜为人知的中文速记，苦苦地创办速记学校，她始终如影相随，尽其所能，直至离开这个世界。亚伟中文速记与亚伟中文速录机能够在20世纪被广泛使用，并引起亚洲的震动，母亲的功劳是不能被忘记的。

进了新学堂

14 岁的唐亚伟开始了中学生活，就读于汉口三育中学。这是一所教会学校，由基督教安息日会所办，办校宗旨为“自养，自给，自传”，使得贫苦孩子有了读书的机会。学校实施半工半读制，以每天两三小时的工作换取学费和生活费用。

教会在中国创办学校，可以追溯到 19 世纪初期，甚至更早。各个学校之所以得以平稳快速发展，一是由于有教会的资金支持，另一个原因是它们的办学宗旨——服务于中国人民，不是为某个政治势力服务。教会学校的教育最集中体现在 1900 年以后，如辅仁、燕京、金陵等各知名大学的创办。如陶行知先生说的，如果没有这些学校，中国还是陷于愚昧中。

基督教所属基督复临安息日会，简称临安会，在华创办学校要追溯到 1877 年，但因缺乏专人精心管理，始终了无生机。后来，美国牧羊人拉路先生晚年闻道，笃信末世福音传遍天下的预言，在别人退休之年勇敢地来到中国。1888 年，他来到香港南洋一带散劝世文。初期效果并不很好。十五年后，临安会全球总会才接受了福音传往中国的挑战，选派安理纯夫妇等五人到达华南。这五人一到中国，便明白了中国的福音应从教育本国青少年开始。次年，就在广州开办了两所学校——男校“益智学堂”，女校“伯特利女学堂”。这两所学校早期的学生成为中国历史上接受西方普及教育较早的人。尤其是中国的女子学校（基本始创于教会学校），使得千百年来足不出户的中国女孩子，走进学堂，如北京的燕京女子大学、笃志女中等。后“益智学堂”改名为“东山三育学堂”。

临安会，一个原本只有几十年的小教会，在华 50 年共派了 40 多位传教士来中国。他们不搞政治，不与他会分地而传，在短短的三十几年间，创办了 13 间医院、10 多所中学、1 所大学、100 多所小学。学校皆名为“三育”，源于秉承发展“灵、智、体”的精神，实行“且工且读”的办学方式。至今在全国各地，即使三育小学的名字变了，但街道被称为“三育路”的还有很多。当然，三育教育中蕴含着浓厚的宗教色彩——“我来不是要受人服事的，乃是要服事人”（《箴》二十章六节）。当我们回顾唐亚伟一生时，细细品味他平和与宽容的为人风格，淡泊名利与感恩的心态，不能不说这与他 14 岁便在三育读书有关。基督教的教义——关于爱人、爱世界、甚至爱仇敌的博爱理论，在他小小的心灵里埋下的是纯真的种子。

三育学校的“且工”是从中学开始，小学没有工，只有读。汉口的三育中学，开办了一些工场加工制造业，虽然远不如后来南京桥头镇三育大学的工厂农场规模宏大，可也足以自给自足。

唐亚伟在汉口“且工”，是做校长的书记员。一两年后，他开始在学校的初级班教授国文和绘画，做这些工作是为分担母亲的辛苦，增加“自给”的方法。

清贫不压天赋。除写字外，唐亚伟有着与生俱来的绘画才情。远在宜昌读私塾时，常常几笔临摹，关公、岳飞、何仙姑式的人物便栩栩如生地跃然于纸上，引得同学们纷纷索画。他曾经在学堂的一个角落里，办过小画展，煞有介事地拍卖，没有想到竟大举成功，赚得了几文买纸笔的钱。这真令他很得意，也许那时节他的理想就是终身从事美术吧。父亲却为此担忧，唯恐儿子沉迷绘画，将来成为没有出息的画匠之流，竟把他收藏的十几部图画书籍焚之一炬。这在几十年后想起，仍叫人痛惜不已。

生来热爱的事是不会轻易了结的。唐亚伟进入教会学校后，开始接触西方油画。为了深入绘画艺术，唐亚伟不惜拿“自给”挣来的钱，买下许多关于绘画的书籍，他像块干燥的海绵被扔进了海里一样，尽情地汲取着艺术的知识。几箱子的绘画书籍在抗战前夕，匆匆逃离南京去重庆那刻都遗失于战乱中，为此，他足足地惋惜了半辈子。抗战胜利后，在上海一次与绘画大师刘海粟畅谈，唐亚伟对绘画理论深刻的理解，竟让这位绘画大师惊叹不已。

在教会学校学习的另一大特点是可以打下牢固的英语基础。很多外国牧师讲课基本不用中文，这种教学方式虽然显得生硬些，但，当年龄小小的孩子在接受外国语言与文字教育时，这种环境的熏陶，似乎比中国外语老师一板一眼的教授，接受速度要快很多。据说，当年辅仁大学（教会学校）的高中毕业生，就可以用流利的英语与外国人对话。三育的授课教师多是外籍牧师，唐亚伟也因不俗的外语功底，为他终生研究的速记，提供了必需的保证。

唐亚伟作为校长的书记员，每天除去上课，大部分时间要写字。从写学校发布的公告到回复各方信件，以至于记录重要会议的各方发言和校长口若悬河的讲话，这些记录在当时是用硬笔完成，但学校公告与代校长回复的信件须用毛笔誊写，可想而知其快速记录下所有的语言声音，显得多么重要，也是必须的。写字对他来说原本是不难的，难的是要快速记录，且须完整又清楚。不过这个十几岁的孩子心里相当明白，这份“且工”可以令母亲少了许多劳累，是他得以继续上学的保证，再难也要把它做好。

当写字成为少年唐亚伟每天不能不做的事情时，我们再看这位中文速记速录之父近半世纪的人生历程，不能不感慨，天降大任于斯，神妙得天衣无缝。15 岁假期时在南昌的旧书摊上，偶然间得到了那本《传音快字》，在后来的 80 年漫漫岁月中，他的所思、所做，都只为这一个静态的动词“中文速记”了。

速记启蒙

校长每日言论及会议的记录，要做到完整地记录下来，紧张而繁琐。15 岁的唐亚伟在急不可待的情况下，发明了一种只有自己看得懂的符号，只为先记录下来，待晚上再进行整理。这办法本出于无奈，当时他没有考虑太多，毕竟不过是十几岁的孩子，只要能完成这项工作，在他就很满意了。谁料想，这些简陋的符号，竟是唐亚伟用 80 年建造起来的中文速记大厦，最初始的胎儿。

是蔡锡勇的《传音快字》给予唐亚伟巨大的启示。用这些像线虫子一样的符号，快速地将语言记录下来，事后加以整理便一字不差地得以保存。这正是他梦想要的东西。得到这本书回到学校后，唐亚伟先通读了一遍蔡氏理论，但没有完全看懂。这没有关系，他一定要弄懂它，弄懂叫“快字”的这个东西，以便把它派上用场，解决眼下记录校长讲话时难以跟上的问题。他开始了一遍遍诵读，一点点研磨，只要有时间，人们看到的他就是拿着这本书在看，在琢磨。

蔡锡勇《传音快字》的出版，是中国快速记录的启蒙，是我国速记的奠基之作。蔡氏的英文功底很好，他采用英国皮特曼式速记的正圆双拼音体系，速记符号只有粗细，不分长短，计22个声符，32个韵符，音符共计768个，再加上“平仄”四声的位置变化，共计3072符，以代表所有汉字音节。在了解了这些后，唐亚伟继而又明白了这本书的意义。《传音快字》尽管使用的是正圆形速记符号，名为“快字”，但蔡锡勇的本意并不是为了解决中国的速记问题，而是感到汉字难学难写，要把它作为文字改革的目的而发表的。蔡在自序中这样说：“尝念中国文字，最为备美，亦最繁难。仓史以降，孳乳日多，字典所收，四万余字，士人读书，毕生不能尽识。……童子束发入塾，欲竟其业，慧者，亦须历十余年。……在妇女更无论矣。”

如果改革文字，采用他的《传音快字》，“以授儿辈，数日悉能通晓”也许更为合适。传音快字，依照汉字书写习惯，用毛笔直行书写，但行序发展又是从左到右，符号按普通话分四声，不附加其他符号，只以位置的变化来表示，一般的结合韵母，均已制成简单的符形，拼写起来只和普通韵符同样处理。

无论蔡氏这本书是否实用，毕竟是唐亚伟接触的第一本关于速记的书。虽然那时他对速记的理解与想法都属于简单而幼稚的阶段，但这本书引发了他对速记的无限兴趣，也是他第一次知道了快速记录他人讲话，是可以即时运用简单的符号、事后再加以翻译整理成文。这样，不仅如实记录下全部讲演内容，同时也可以作为资料保存下来。

从此以后，人们看到唐亚伟随时随地在纸上画着，画着，纸上落下了虫子一样的各种形态的线。照葫芦画瓢，16 岁的少年以炽热的激情投入到这本书里去了。

唐亚伟的速记生涯就这样迈出了朦胧的第一步。

江边的学府

唐亚伟在汉口三育中学读完高中，随即由校长推荐直接升入三育大学。那年他 18 岁。

三育大学是基督教复临会在华的最高学府，也是复临会在远东最大的一所高等教育学校。三育大学是所典型的且工且读的学校，使得许多原本无力读书的贫苦孩子，因三育而接受了较为完整的系统教育。

三育大学最早成立于1903年。1912年校址迁往上海宁国路。又几经迁址，几经更名，至1925年至1937年江苏桥头镇时期，是三育的鼎盛时期，因为离南京很近，也称南京三育大学。

桥头镇时期的三育更名为“中华三育研究社”。在中华三育研究社受教育的学子近千人，附设有中学部，学校高度体现了三育且工且读的办学理念，在这里读书的绝大部分学生来自贫苦家庭，他们利用课余时间且工，解决自己学费及生活费用，以完成系统的高等教育。与此同时，三育也为中国培育了上千名教育、医务、外语、制造、农业等方面人才。三育大学学生的来源，均由各教会的基层小学升入各地三育中学，高中毕业后，优秀的学生再经推荐，直升入桥头镇的三育大学。

三育大学后任校长李博牧师，毕业于美国哥伦比亚联合大学，在复临会远东总会选派中国三育大学校长人选时，因品学兼优被慧眼识中。一到上海，他便着手加强三育大学的工厂设备，向学生倡导双手教育：除加工制造钢丝床外，还带领学生刷洗厕所，改革文人手懒之颓风。

后又在江苏句容县桥头镇西山购得750亩地（款项来源为他人捐助），营建两年，造出红砖西式屋舍27栋。1925年上海三育大学迁址至此，更名为中华三育学校。初期开设有传道、事务（商业经营）、医道、师范（教育）、英语等几门课程，学生均半工半读，自设电灯与电动力工厂，制造钢铁管来生产医院、学校使用的床、桌椅等，并开设机器化农场、暖圃、鸡场、卫生罐头厂和印刷厂。

校长李博聘请的中西方教师有：教育系主任刘彭年（后在李博去职继任校长），主讲英国文学。科学教师魏略文不幸死于伤害，教会总部急聘美国吴慈（Cecil Woods）教授来校与刘启承博士、黄植庭、吕守道等诸位老师担任数理及生物课程。聘逊清秀才黄字敬牧师掌国文部。本科老师有钟子珍、苏醒之、汪化农、谢建功、留锡铭、张伯安等人，皆讲授国文。事务系即商业经营系，由许好威（Howard Shull）、宋克仁（Clarance Miller）掌之。陈民、叶昆岗、兰富德、邬爱莲、汪先桐诸先生讲课。实用技术系即加工制造系，有藤学春、陈怡文教师，均为由美返国人士，精通工业技术与农业科学。铁工厂机械工程师由白芮德、李汉超工程师任。医预科刘启承教授等行医不忘教育，自应聘来校后，除教授医学生物学等课程外，还筹款于校园西北山岗建立诊所，服务一方，三育师生与四乡百姓感戴不尽。

在当时的诸多教会大学中，三育算不得规模宏伟庞大，如同样在南京的金陵大学也属基督教会学校，从规模上看要壮观了许多。但三育除了且工且读的特性外，其设置机构规范，教学制度严谨，也许要得益于临安会办学的宗旨。教师的来源大都为外籍与回国执教的中国学子，仅加工制造专业说，实实在在地为民国初期的中国带来了先进的技术，以至于三育从理论到实际制造出来的工农业产品，至今还享誉海内外，这在当今来说也属少见。

毕业于三育的何小苇先生这样评价三育“智灵体”的三育教育，他在书中写道：“智育。三育的独特之处不是在公立的课程数理化、国文、动植物学、历史等之外，加上一科圣经而已。对于代数、几何、三角、微积分等高等数学虽然令我头痛，但三育的教师在上课前带领学生祷告，求上帝引导，使我感到其中的逻辑、条理、次序，处处都明显上帝的智慧。灵育。三育的教师都有培养学生灵育的责任，他们除了灌输知识，更有培养学生品德的职责。体育。中国和英国的教育，共同之处都看轻所谓低级和所谓下贱的工作，英国人称读书多的人为绅士，中国的士大夫也是饱读诗书的人，他们大多不去干掘土、种植、修缮房屋的事。但三育毕业后从事高级职业的人，仍然在休息日做洗车、剪草、修理、种菜的事情，也因此至今三育学校的学生在休息日，不论家境贫富，都得去做义工。使得一个受过高等教育的人，仍然可以动手劳动。”

当年的李博校长，把三育的这种基本精神发挥到了淋漓尽致，这也许与他的商人家庭出身有关。在 1929 年至 1932 年的那些不景气时期，李博校长的市场营销也是异常不错。另一位当年三育大学的学生回忆：“我是工读生，曾经在铁工厂做工，后聘到存货室，每小时 7 分钱，可供一餐所用了。那时一位苦力一整天才 4 角钱，他们的效率比学生强出许多倍。这足以可见学校为了使我们能读书，是善待我们的。”“我自安徽蚌埠三育中学毕业后，被推荐到桥头镇中华三育研究社，求学三年。第一年我选修的课程是圣经、大代数、贩卖法、英文、世界史及农业。每周在铁工厂做 14 个小时的工，生活过得轻松舒适。功课研读不甚吃力，英文教师罗爱莲小姐十分情绪化，我每年都选了她的课，也好给予我一些学习压力。另外一门课农业，本来的农场主任胡尔德返美后，教授农业课的梁思德牧师继任，我便到农场做一些书记的工。学校农田方面，推广草莓、刺莓、黑莓的垦殖。菜园扩大数倍。引进荷兰乳牛、乳羊制造乳酪，来亨蛋鸡自设孵化器，罐头部夜以继日生产罐头。上海订单如雪片飞至，每日数百箱货物交由冷藏火车运沪。这些的所得，使得三育足以自给。”

除先前的27栋红色西式小楼，学校自1928年后陆续添建男生食堂、浴室、第二斋舍以及新中西教员住宅五栋，开凿水井，种植菜果，师生生活自给外，制造成罐头销售市场也相当火爆。香港至今市面上的“维他奶”也是三育加工制造产品的前身，足可见其享誉海内外的品质。

三育校园美丽而舒适。校舍建在山巅，错落有致的一座座大厦，分别是教室数十间及大礼堂，俯视前面的数座山岗，教员及男生女生宿舍，依山坡而建，山下沪宁铁路东西往来，扬子江水滚滚东流，浩渺之中船舶徐徐而行。校园四周鸟语花香，绿色延绵。一切是那么安静与祥和，真是学习的好地方。

这所且工且读的学校不久便名扬京沪，宋美龄夫人派卫生部部长刘瑞恒来校考察研究，后来校方承蒋夫人再三邀请之盛情，借派了三育大学的孔保罗牧师前往南京，任一所孤儿学校的监事，以效仿桥头镇三育学校为三千学生提供心、脑、手并进的教育。也许是缺少宗教精神的感召，也许是根本没有领会三育教育的真谛，以“图法不能以自行”而告终。孔牧师在那里自然不是说了算数的角色，任期一满即返回了桥头镇三育大学。

为了教会学校的立案问题，学校一度更名“中华神道学校”，又改为“中华三育神学”，至 1931 年正式更名“中华三育研究社”。此名出自在学校任医学课程的米乐尔医生的一位病人，这位病人就是孔祥熙。因为用“学校”两字，就不能保持临安会独具的“且工且读”三育办学体制，只得迂回而为。

校园生活

唐亚伟在三育大学期间，学生生活快乐而轻松，应该说这是他一生中少有的光景。

来到桥头镇三育大学时，唐亚伟刚刚 18 岁。由于是汉口三育中学校长推荐，并且具备记录与文字书写的特长，所以一进桥头镇三育大学，唐亚伟的“且工”就定为时任三育大学校长刘彭年的书记员，依旧继续他快速记录的工作。

从此，这个秀雅安详的地方，一日日，一时时，悄无声息地陶冶着他的人性与心性，规范着他今生高尚的生活准则。

为刘彭年校长做秘书，一直持续到 1937 年抗日战争爆发。虽然只有三年多时间，校长乐观向上的风格与虔诚的基督教信仰，对青少年时期的唐亚伟影响颇深。刘彭年，1901年出生于上海。1918年毕业于华童公学，后就读于哥伦比亚联合大学。1928年毕业后，被派到中华三育大学任教，1932年升为校长，1937年到美国北卡罗来纳州黑山参加安息日会全球高等教育会议，会后攻读田纳西州庇保地大学心理与教育学硕士学位，1939年在哥伦比亚大学教育学院攻读博士学位。 1943年至1948年在中国新闻处工作，1948年至1962年在联合国教科文组织任统计主任。后定居美国。

在刘彭年校长的办公室里，校长对面的办公桌后面，人们时常看到工作着的唐亚伟。这个18岁的南方人，有着北方人的高个头，常年不变的浅蓝色布长衫，头发自然卷曲，文静而腼腆。因为工作在校长身边，且脸上永远带着谦和的笑容，请他帮助办事的人自然多之又多，唐亚伟是有求必应。就因为有求必应，同学们送给了这文弱书生"土地庙哲学"的绰号，足可见他待人接物是何等全力以赴的真诚，不愧为学校里有名的谦谦真君子。

一次在学校食堂吃饭，按份分餐。有位弱小同学的份饭被一个霸道的学生抢走，双方来回争夺着，小同学显然不占优势。唐亚伟见状箭步上去，从背后用力制住那霸道者的双肩，随即给了一拳，那位霸道的立刻放下抢来的食物，灰灰而退。打人，在三育是要受严厉处分的。于是，来了调查的老师，一听说打人的是唐亚伟，认为这绝不可能，回到教务处，几位管理者也认同打人的事情不会发生在唐亚伟身上，即使是唐亚伟打人了，也当是正义之举，从此不再过问。德行方面能有如此美誉，不是一两天积累来的。也许就因他的这份真诚与善良，幸运之神无时无刻不在惦念着他。

唐亚伟除去在校长身边做书记，还兼任了中学部的绘画课程，以此来减轻母亲的负担，也满足了自己对绘画始终不渝的追求。桥头镇三育大学里，无处不在的西方油画，让他接触了绘画艺术这一崭新的世界。在他任教之前，中学部学生对这门课程的热情不高，听课者寥寥几人。为了这些小他几岁的学生能够对绘画艺术有所了解与认识，他颇费了些心思研究讲课技巧，恰恰，这正是他所学的教育专业所须攻克的。唐亚伟后来出众的演说才能，风趣、幽默、极具吸引力，可以说就是在那个时候培养与挖掘出来的。当时在中学部听他讲美术课的学生，后来以美术为终身职业的，有曾任巴西华侨报社社长的王之一，有先毕业于延安鲁艺、后任职于北京电影制片厂的美术设计师朱革（现名），有上海印刷学校执教三十年的沈斌仁，等等。

“把真实的事，运用技巧告诉人们”，这是唐亚伟对于自己成功讲演的心得，也是他的演说能受到人们喜爱的源本。在后来若干年中，他凭着一个个睿智与幽默的讲演，获得了一次次机会，为自己要用一生来建造的中文速记大厦，增砖添瓦。

睿智与幽默，来源于知识。在三育大学期间，唐亚伟的学习刻苦而勤奋。图书馆，这个令他迷恋的地方，在浩瀚的书海中，他忘记了一切。无论早晚与昼夜，三育大学图书馆留下了这一介书生无数的身影。

三年中，他与同窗好友丁星五结下亲如手足之谊，起始也源于图书馆。爱看书的共同嗜好，使他们成为终生好友。后来漫长的岁月中，唐亚伟的各个不同生活时期，在重庆，在上海，在香港，时时会有丁星五出现于左右。丁星五后来成为著名的出版人，这也说明他对书籍的钟情。丁星五 1949 年后定居香港，大陆与香港阻隔后，任亚伟速记学校董事长，在海外继续中文速记事业，衷心地尽职尽责于老同学的嘱托。风萧萧，路漫漫，星移斗转隔海相望。80 岁高龄两人在北京相逢时，四目相视，怎能没有相谊六十载、尽在一瞬间之感呢！

南京三育大学时期与丁星五、罗洪章合影。中间者为唐亚伟。

两人说起当年同窗往事时，一定要提及的是唐亚伟那些身手不离的、像小线虫子一样的符号。没有想到，这些线虫子如今已经演变成为中文速录机，填补了中国的一项空白。丁星五感叹老同学放弃留在海外，放弃自己热爱的美术艺术，50 年间不问他事，全身心投入研究中文速记，终是功夫不负这位有心人——亚伟速记方法由亚伟速录机仅需一秒钟便传到了电脑上，误差低于千分之几，完成了中文快速记录语言声音的任务，为中文的快速记录写下了不朽的篇章。

一个使命的生成

大学期间，唐亚伟正式步入了对中文速记的研究。

纵观他一生的历程，这个阶段对于速记的研究也只是出自工作需要，还仅限于了解与探索。速记原本起源于外文，借着教会学校图书馆丰富的外文资料，唐亚伟阅读了大量的速记书籍，基本理清了世界速记发展的脉络，明白了各派速记的理论基础。在几乎读遍外国速记的理论与学术书籍后，唐亚伟又回头再细细研读蔡锡勇的中文《传音快字》，以及蔡璋修正《传音快字》的《中文速记学》理论。三年多的大学生涯，他把中文外文速记的基本原理知识与实际使用状况，摸索得了如指掌。

几年的大学时光给唐亚伟要献身的中文速记事业铺垫了扎扎实实的基础。在1938年23岁时出版的《速记学》一书中，他写下了对记录语言所须要具备的最基本的语文研究："人的一张嘴，可以发出千百种不同的声音，但从发音机关的作用和动作上研究分析起来，便知道许多的声音，不过是由极少数的基本音素彼此拼缀变化而成。"

在《速记学》的前言中，他详尽地描述了将语言转成为速记符号的基本原由。

"此种基本音素，因其制造过程和本身性质的不同，通常分为两大类：在西洋拼音文字中称为'母音'与'字音'，或'元音'和'辅音'（vowels and consonants），在我国的《音韵学》中称为'声母'与

‘韵母’。

“语言中像一个声母和韵母单独成音的很少，大多是由少数的基本声母与韵母，或韵母与韵母缀合而成。故普通所谓的‘音’，多是含声母与韵母的缀合体，因此也称为‘音缀’。

“我们因此可以明白，平常所有千百不同的声音，不过是由少数的基本声母与韵母彼此缀合出来的许多‘音缀’罢了。

“世界各国的语文构造，由于‘音缀’的不同，基本可以分为两大类：一类是连合数个音缀而成一字的，是为‘复音系’；一类只是一个音缀成一字的，是为‘单音系’。

“我国文字属于单音系，一字只有一音或音缀，虽然古代有了‘一音二字’的读法，如（鵕鸘曰：私比头）（高锈《注淮南王述谓》），近代亦有一些复音字的制造，如圕（图书馆）囻民国兵团，但其数很少，只能算一种例外。

“我国对字音的研究，远在西汉以前，就有了‘开口闭口’（《管子小问题》）、‘徐呼疾呼’（《韩非子外储说右上》）等种种的说法，但都玄妙含糊，无系统的研究。

“以后，‘双音叠韵’的学说确定（《南史谢庄传》），

‘反切拼音’的律理发明（《孙叔然尔雅音义》）以及历代音韵学的改进，才渐渐奠定我国字音分析的基础。

“民国二年，教育部深感语音一致的必要，便召集全国语音学者成立读音统一会，详细分析我国字音，而具体规定39个注音字母（以后简称注音符号）为统一读音的音标。

“民国九年，统一会临时大会增加了一个韵母，合共便成40个注音符号[①]，此外又制定22个结合韵母（结合韵母即把两个韵母结合起来代表一个韵母），但实际上仍是由40个基本音素构成。这样，我国所有的字音（据教育部公布国语常用字汇中，我国常用的字音只有411个）都可以用这40个基本音素互相拼缀出来了。”

在研究了这些以后，他进一步在1938年他的最初版《速记学讲义》的前言中这样写道：

“世界各国的文字，大都根据其本国语音，采用字母拼缀制度。虽然对于实际语音的表现，只有相对的效用，不是绝对完美记录语言的工具，可是各个字母，大都具有确定的音值，只是构造和写法不很简便，故运用无法迅速。

---

① 注音符号：在汉语拼音使用前，用来标注汉字字音的音标，采用笔画简单的汉字，又加以修改。共有24个声母，16个韵母。

“我国文字未曾采用字母拼音制度，故不是记录语言的符号，虽然‘六书’中的‘形声’在说文九千三百多字中占有八千字的地位，但是我国古今音韵的变迁悬殊，加之形声字母记音的方法又不合发音的原理，所以前人所用的‘声类’、‘韵部’都失去效用。如：唐守温的三十六声母，究竟怎样发音？广韵中的‘一东、二冬’，究竟有什么分别，到现在仍是没有答案。所以，我国文字已经不能认为是记录发音的符号，只是一种‘意符’罢了。

“读音统一的40个注音符号，虽然比较简单科学，但它的构造和写法仍不脱汉字（方块字）的圈套，因此书写起来仍然不能迅速，只能作为注明汉字读音的一种标记。

“速记学是根据语音的发音原理，制成基本符形，以代表各种基本音素，然后依照音素拼缀的原则，将基本符形连接变化以记录千百种不同的声音。

“因此，速记所用的符形自以越简单、书写越便利为原则，如此始能达到‘迅速’的目的。文字和音标都不适用，我们必须从诸种形体中加以整理研究，以寻出最简便的方式，作为速记符形要产生的基础。”

从以上的这些论述不难推想，唐亚伟的三年大学时光，没有一刻虚度，此书出版时仅在他结束大学生涯一年后。速记的灵魂是“快”与“省”，被他悟了出来。他又系统而扎实地研究了中国文字与语言方面的知识，为他理想的中文速记方案做足了基本的铺垫。

在三育，由于每天要大量记录刘彭年校长的讲话及各种会议的发言，他尝试使用蔡锡勇父子的快记方法，很快发现了问题：蔡氏的中文速记原本是参照英文速记与日文速记改造出来的一种纯中文直写方式，加上蔡氏研究中文速记的初衷原本是简化汉字，以便穷苦百姓可以习之，因此不太适合用于现代的现场速记。

他开始寻求蔡氏以外的中文速记技术。蔡锡勇后，确实有不少中文速记发明问世，但大多是根据英文日文发明的中文速记，在与中国汉语汉字的转换中，唐亚伟通过自己每日的应用，感觉到了不适应。他感觉自己这个比较通晓速记的人，学习与使用都如此生涩，那么，让一个初学者学习使用，进而推广普及，恐怕就更难了！

此时的唐亚伟在了解了这些之后明白了，前人只是告诉他，这世界上有一种途径可以解决快速记录语言的问题，但是现今已有的中文速记方案，并没有为他提供一个切实好学好应用的方法。对于中国当下的中文速记，他深深感到远远没有达到理想的地步。

面对每天要应付的大量记录，唐亚伟焦虑着。他想先为自己每天要进行的记录工作找一个可以应用快速起来的方法。于是，他开始把中外关于速记技术的书逐一进行综合比较。就在大学三年级的时候，他发现了美国人葛锐格的速记方法十分优秀，且，创造过中文速记方案的前人们，似乎对此速记方式所知寥寥。经过潜心研究，他认为葛氏的速记方案击中了速记的灵魂，可以达到快、省、易学，这是一个令他满意的速记方案。20岁的唐亚伟终于为自己的速记事业找到了开启大门的钥匙。数年以后，唐亚伟得知还有一位会用葛氏速记的人，即张兆云。他自学美国葛锐格英文速记，1932年就职于江苏松江县教育局，后就任于上海敬业中学，1936年自费出版《张氏华文平线速记术》一书，并设通信处于敬业中学。抗战后，敬业中学多次迁移，张兆云就此失去联系（在敬业中学200年校庆时，没有找到张兆云）。至今，唐亚伟依然恭谦张兆云为葛氏椭圆体系汉语速记的首创者。

那么，葛锐格的速记方法是怎样的呢？1888年，美国葛锐格（John Roert Gregg）发表了《轻线记音学》(Light Line Phonography)，注符号完全采用细线写成，书写的曲式斜度形成椭圆形体系，一除旧有正圆体系的弊端。

“旧式速记中，大多采用正圆形和正‘米’形为速记符号的基本形体。我们如果实验，同时画一个正‘米’形和一个斜‘米’形，再画一个正圆形和一个椭圆形，便很自然地觉出椭圆形与斜‘米’形笔画活泼、自由、书写便利，正圆形和正‘米’形的呆板、拘束、不易准确。如果再加快速度，则更加明显了上述的优点和缺点。”这是唐亚伟在他两年后出版的教材中，做出的对旧式正圆体系与葛氏椭圆体系最基本差别的描述。

五年后，葛氏的书增订本出版，改名为《规格速记学》(Gregg Shorthand)。至1897年更新更为完善，在使用方面，超过现存的一切速记，成为现代速记最为完善的一种方式。

但，葛氏速记毕竟是为英文使用者创造的，对于中文来讲，只能借鉴一下速记的基本原理。把它转变成中国人拿起来就用的中文速记，要走的路是太长太长了。

中国人的文字乃方块汉字，始于远古时期的象形文字，几乎一字一意。但是，笔画繁多，结构复杂，书写缓慢，学习难，也是必须要正视的。如何将优秀的外文速记方案与本民族语言及文字合理结合，需要制造一个庞大的系统才行，这系统恐怕得用一个人的一生来进行，也未必能圆满地完成。这需要用一生的精力，到此时，年轻的唐亚伟隐约地预感到了这一点。

在三育图书馆里唐亚伟看到了诸多的速记书籍，也看到了诸多速记方法得到广泛使用的记载，却都与中文无关。前辈们创造了不少的中文速记方法，却多少年来未能得以广泛地使用与普及开来，就目前自己身兼的记录工作已然真实地证明，我们太需要一种或多种属于自己民族的、优秀的速记方法。这也许不是一个人可以做到的，多种速记方案百花齐放，才能令自己汲取众长，更利于中文速记的发展与推广。所有这些，唯一需要的是持之以恒。

他陷入了深深的沉思。浩瀚的长江从眼前奔流而过，唐亚伟不禁轻轻吐出了“滚滚长江东逝水，浪花淘尽英雄。是非成败转头空。青山依旧在，几度夕阳红。白发渔樵江渚上，惯看秋月春风。一壶浊酒喜相逢。古今多少事，都付笑谈中”。年轻，血气很足的唐亚伟决定了，这一生就做这件事吧。

1934 年，根据葛锐格速记体系，19 岁的唐亚伟发表了《流线化中文速记音符总表》和《略符略法表》，开始自用的同时传教于三育的同学之间。这一生决定要做的事，从此开始了。

唐亚伟从 12 岁就读于汉口三育中学，在这所基督教的学校里一待就是六年。

“教养孩童，使他走当行的道，就是到老，他也不偏离。”(《箴》二十章六节)

每天早上吃早饭前，与所有的孩子一起祷告，感恩。这饭前的感恩一直持续到现在，可以说是虔诚了一辈子，这是真诚的，发自内心的。

人的信仰不是强制可以赋予的。小小年纪，日复一日地怀着这种感恩的心，来对待自己的每一餐，久了，以感恩的心态对待每一件事，一种心性就此形成。安息日会是基督教的一个支派，宣扬“心，灵，休”的修炼，其中有一点尤其引人注意，即：与人的关系应该平衡，也就是要与人建立很好的关系。“敬畏耶和华，是智慧的开端，认忍至圣者，便是聪明。”（《箴》九章十节）“我来不是要受人服事的，乃是服事人。”《新约·圣经》里面的这句话，也许是真正基督教徒为人为事所奉行的。

唐亚伟的一生，历经抗战与国共内战，1949 年后，又经历了三反五反、反右、“文革”，可谓外乱与内乱，皆系“身在此山中”的人。在诸多的运动中，他没有受到生硬的撞击，在那么严酷的政治运动中，这位曾经与国民党诸多人士交往频繁的人，没有受到致命的打击，并不是三生有幸。

他的一位学生曾经这样写他的为人：“……他的容忍，产生于他的个人修养，也得益于他的宗教熏陶。他是一个真实的基督教徒，圣经中说，有人打你的右脸，连左脸也转过来让他打。而唐先生时常引用《新约马太福音》十九章二十一节的话：那时彼得进前来，对耶稣说，主啊，我兄弟得罪我，我当饶恕他几次呢？七次可以么？耶稣说，我对你说，不是到七次，乃是七十个七次。他实在地奉行着圣经，对于任何人的冒犯、毁谤，都能一笑了之。一般稍有脾气的人，对于相当的冒犯是难抑制的，大都会拔剑而起，而唐先生对于当面的顶撞，也能心平气和，不动声色，反而先让你平平气。由于这样，他就把很多人化敌为友了。”

人们习惯看他人的短处，唐亚伟却习惯只看见别人的长处。在人们眼里，不是不明白，应该说要归于他就没有把谁长谁短的事情往心里放，心性中就不会恨，“像爱自己一样，去爱别人”。圣经中的这句话，从孩童时就滋养着那颗“感恩”的心。这豁达与宽容，也使他一生免去了很多烦恼与纠纷，更幸运地避过了多次政治冲击。

唐亚伟终生不沾酒，中年以后因亚伟速记学校被迫关闭，苦闷中他开始吸烟，改革开放后速记再次复苏，便毅然不再吸烟。此外，所有的生活极其简朴，更不喜欢热闹花哨场面，最不能容忍赌博。也许是他要全身心进行速记研究这一件事情，不允许他有点滴时间去奢侈，也许是基督教那些最基本的原则，他愿意严格遵守一生。

平和，友爱，善良，淡定，隐忍，乐观，贯穿了他的生命，也因这些，奠基了他一生的高尚生活。在86岁时，他的“八德之说”被广为流传，即：立德，承德，修德，养德，积德，育德，施德，宏德。

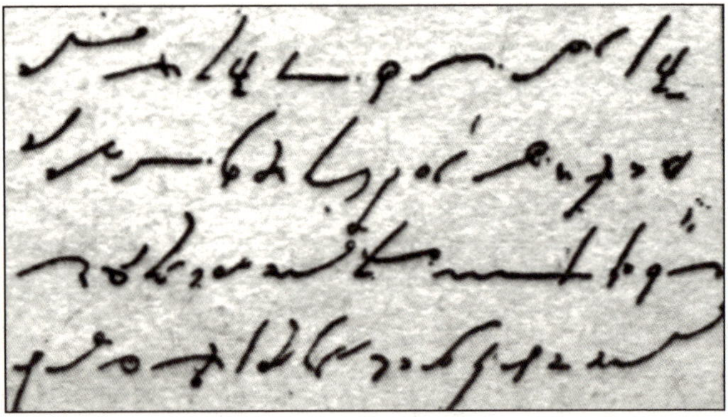

亚伟式速记示范：孙中山遗嘱全文。

第三章　流亡生涯

奔赴重庆

1937 年，7 月 7 日，日本发动了全面的侵华战争。各大报刊纷纷登出醒目标题：“驱逐日本强盗！”“援助二十九军抗日！”

7 月 28 日，北平一夜炮声。7 月 29 日，北平终是沦陷。日军的目标首先对准平津地区高等学府，南开大学遭到猛烈炮火摧残，满目疮痍，触目惊心。日军先集中炮轰四小时，然后军车进入，纵火肆意焚烧，大学部所有图书馆、师生宿舍、教学楼均被夷为废墟。在占领北平后，北京大学与清华大学未及运走的珍藏，也被洗抢一空。日军随即大规模南下，12 月 13 日占领南京，血洗南京城，灭绝人性的南京大屠杀残忍到了极致。对位于南京边儿上的中华三育来说，形势异常严峻。

此时，已然发生了丰台的华北三育中学遭到日本人滋事骚扰的情况，加之近在咫尺的南京失陷，桥头镇的中三社（三育大学）决定暂时停课，将大部分师生遣散，仅留一小部分人留守校园。次年 3 月，京沪驻巡日军于换防前向下属治安会借长衫多件，假饰中国盗匪，入夜后潜上了桥头镇的西山，见人便杀，留守师生共有八人遇难，后三育全部校舍被四乡歹人拆运精光，洗劫一空。

桥头三育大学被毁，一批师生撤退到香港沙田租屋复课。三育师生在香港沙田清水湾的三育书院内，至今树立着为纪念 1938 年桥头镇三育大学死难师生的石碑，以示后人不忘国难。

现树立在香港三育书院内的纪念碑，以示永远不忘死于日本侵略者枪口下的罹难师生。

另有部分师生奔赴抗日大后方重庆，在松堡重建校舍，并在那里经历了漫长而艰苦的八年抗战时期。

学校停课后，唐亚伟决定去重庆。离开学校那天，他忧伤而茫然。历史是一条长河，时而平静清澈，时而湍急污浊，自己如一叶小舟，随着河水漂浮。他十分明白，三育学校给他的一切都是美好的，但，就此结束了。逃亡生涯开始了，尚不知何处是岸。随着逃难的人群，一路风餐露宿，时时还须躲避日本飞机轰炸，离江弃船钻进岸上的草丛里，笼罩在蚊虫的世界里，忍耐着饥渴与酷热。儿时背诵过屈原的《离骚》，“宁溘死以流亡兮，余不忍为此态也”，如今才懂了这滋味，心，真是刻骨般的疼痛。流亡中的他无时无刻不在挂念母亲，不知母亲身在何处，更不知哪日才能相逢。他蓬头垢面，衣衫褴褛，总是坐在船帮上，把安全的位置让给那些怀抱嗷嗷婴儿的妇人们。国破山河在。他就这么呆坐着，目光伸向远方，凝视着沿途自己祖国的山和水，心是空的，空得那样沉重。中华民族的前景会怎样呢？自己的命运会怎样呢？眼前的一切，是那样阴沉地无言以对。

终于到了重庆。当人们满面泪痕，不约而同梦语般反复着“到了，到了……”时，唐亚伟的手伸进怀里，抚摸到了贴在胸口的那一摞子速记草稿，狠狠地咽下一阵阵涌上来的哽咽。当初选择离开敌占区来重庆，他并没有太多犹豫，只有一个念头：继续研究中文速记，做出一个令他满意的好速记方案，易学易用，再把它传播开来。踏上重庆码头后，抬头看看乱哄哄的街市，人们忙着买卖的吆喝声，奔跑着的人力三轮，不时传来一两声川江号子，这些令他轻松了许多。

在重庆的街头，他第一次听到了“起来不愿做奴隶的人们，把我们的血肉筑成我们新的长城，中华民族到了最危险的时刻，每个人都被迫发出最后的吼声，起来，起来……”

“抗日到底！”

“打败日本人！”

这个文弱书生，随着激愤的人群也振臂高呼起来。自此只要有时间，无论腹中饥与饱，唐亚伟都会到街头讲演，宣传抗日。凭着优秀的讲演天赋，他招来众多听众，人们情绪激荡，报以阵阵掌声。

当时的重庆，已经定为民国政府的临时所在地，称为陪都，是中国抗日战争时期的后方。年轻的他隐约地感到，重庆也许是战争时期最合适发展速记的地方。

作为战争后方的重庆，全国的高校纷纷迁徙至此。迁校的情景极为悲壮，有的学校迁徙时间长达一年乃至几年，风餐露宿，辗转迂回，当人们终在重庆相聚时，无不热泪涟涟，感慨万千。战前重庆中等以上学校只有32所，战后激增至97所。重庆，一时成为知识分子与高等学府的聚集地，重构了战时中国的高等教育布局，保存和发展了我国的教育实力。

与此同时，全中国要继续求学的孩子们，历尽艰辛来到重庆，得以完成学业。1938年1月，国民政府任命陈立夫为教育部部长。3月就任时，他便指出了战时正规教育的路线："教育为建国之根本大业"，"抗战是长期过程，不允许将人才孤注一掷，而必须持续培养人才"，"学生对于国家应尽的义务实为修学，平时如此，战时更宜悉力以赴"。陈立夫，毕业于美国匹兹堡大学煤矿工程系，这位有着美国硕士学位的人，在当时的国民党内可谓凤毛麟角。抗战八年，这位民国政府的教育部部长始终没有被更换。

教育部颁布了一系列助学政策。如：对战区内迁学生和教师实施救济的"贷金"制度。贷金额为每人每月8—10元，半额4—5元。当时沦陷区来的学生都拿贷金。有位当年中央大学的学生回忆道："当时六块钱作为伙食费，两元钱零用，在抗战初期，伙食不差。"贷金制度确保了内迁学生继续求学的可能，像著名学者杨振宁等诸多人，都得益于这个贷金制度。

在抗战时期的重庆，除国立学校外，私立学校的蓬勃发展也是可圈可点的一笔。私立学校是私人或社团组织开设的学校。这种几千年来中国教育的主体形式，在这里也同样受到奖励和扶持。民国政府教育部曾颁发《私立中学规》等法令，使得个别地方私立学校的数目甚至超出公立学校，这对国家教育布局、人才培养、社会振兴、各个种类学说的兴盛，无不有深远影响。如著名的广益教会中学和聚奎中学，自筹经费办学，教育出很多近代的著名学者，如周光召等。

总之，抗战时期的重庆，成了中国文化教育的中心。为了求学，为了保存中国的文化教育实力，全国的学子源源不断地纷至沓来，聚集在这里养精蓄锐。

因此，就有了陶行知先生的育才学校，号召“做追求真理的小学生，做自觉觉人的小学生，做手脑双挥的小工人，做反侵略的小战士”；有了晏阳初先生的乡村建设学院，主张“自治，自给，自习，自强”。他们的共同之处都是提倡平民教育，主张抗日救国，为贫苦孩子办学，他们被称为中国教育历史上真正的教育家，是永远闪烁着光辉的星。与他们相比，唐亚伟是小字辈，年龄相差至少二十几岁。作为终身从事教育的学者，唐亚伟与陶行知的忘年之交，或源于对陶的崇敬，或源于学习陶致力于平民教育的精神，这两点都是再常情不过的事。也因了这些榜样，抗战的八年，唐亚伟和同在重庆的“亚伟速记学校”，历经艰难，不遗余力地办了八年。中文速记这门学问，在日本飞机的轰炸下，在物资极度匮乏下，仍然延绵不断地发展着。回顾亚伟中文速记的发展，重庆的八年确是至关重要。

我们借用傅斯年先生在1939年说的一句话来做总结：“这两年我们的同胞饱受艰苦，大量死亡，但我们的民族充分表现其伟大的力量，不屈的精神。在这个表现中，看到了最后的胜利，光明的前途；以后的中国历史，要比四千年历史上任何时代都光荣伟大。所以这次的大艰难，已是缔造将来的大光荣的基石。”

病中的成就

1937年的冬天，重庆阴暗又寒冷。在南岸的一间破旧的小屋里，刚刚与母亲相聚的唐亚伟病倒了，不知是什么原因的咯血，让母亲惊恐万分。

回顾唐亚伟从桥头镇顺长江而上的三个月，除了怀里的一叠速记稿纸，身上没有一分钱，随着避难的人群颠沛流离，常常几天没吃没喝，更要躲避日军飞机的轰炸，弃船徒步夜间行走，短短的几百里地，竟走了两三个月，其间，心中又异常惦念母亲，艰辛困苦可想而知。

母子相聚后，借了这间四面漏风的小屋子，唐亚伟集中精神又开始了对中文速记的研究。母亲在教友姐妹的帮助下，找到个临时做工的机会，也仅可以维持一日一餐。这时，一种中文速记创造性的新模式，在他心里大致构思成形，他要把这个构思写出来。就在日夜不息地工作时，唐亚伟开始了咯血。医生解释很明了：营养匮乏，劳累过度。建议他卧床休息。就是在这样的境况与生存条件下，一个月后，《规格化亚伟中文速记学》初稿问世了。

这个创新的中文速记学，对于中国速记所产生的深远意义，在几十年后得到了证实。并且，因它的诞生，也打破了中文速记沉睡了三四十年没有被广泛普及使用的状况。

“葛锐格”式速记即规格化速记是近期世界最新的速记方式，懂得的人不少，如果不深入细致地研究，不下大功夫与中国的语言特性和书写习惯进行整理结合，想创造出一种适用于中国的、有科学价值的速记方法是不可能的。这工程如同建造一座大厦，每块砖每根木，都要精工细作，耗尽身心去下功夫，这座大厦才会呈现给后人千年不倒的雄姿。

唐亚伟要狠狠地下这个大功夫，把这座大厦建好。

在这本创新的《速记学》中，唐亚伟大胆舍弃了前人很长一个时期以来，中文速记以普遍流行的皮特曼式正圆体系作为基本符形的方案，而采用了后来者美国葛锐格式速记椭圆体流线型的基本形体，再根据我国国语音系，创造出了一个崭新的中文速记方法。它深入归纳了中国语文文法的原则，创造出各种特殊的省略法，以一个符号代替一句话，甚至几句话。自速记学问世以来，这是前所未有的。①

23 岁的唐亚伟，借鉴葛氏速记的优点而创立了的亚

① 亚伟速记是一种三比例、双拼音、椭圆体系速记方式，包括声符 17 个，韵符 30 个，音符总共 306 个。其特点如下：

一、基本符号是从椭圆形和斜米字形分割出来的，只分长短三级，不分粗细，无垂直线，线条能顾及书写习惯，多系向右倾斜，书写流利轻盈，故有“流线速记”之称；

二、音符配置采用双拼音的声韵方式，单韵符 15 个，结合韵符 15 个；

三、省略法多样化。亚伟速记既有音略，又有意略。音略法中又分单音节音略（字略）、双音节音略、多音节音略（词略）、句略。从省略形式上看，有提高略法、附离略法（上附离、下附离、中附离）、交叠略法（系统化的各种交叠法）、数字略法等。除此外，还有“纲略法”，即提纲略法，其原则是：1. 从语法组织上可以补充的，略去；2. 从修辞格中可以修饰的，略去；3. 从语言习惯上可以找到的，略去；4. 从讲题本身可以推知的，略去；5. 从上下文气中可以看出的，略去；6. 从他处记载中可以查到的，略去；7. 凭当时记忆力可以记住的，略去；8. 在将来整理时可以删除的，略去。

伟中文速记方案，其易学与适用性强的特点，在后面的办学与实际应用中很快得到了证明。即便这样，唐亚伟一刻没有中断过对速记的改进与摸索。在重庆的八年，《亚伟速记学讲义》出了十版，版版有改进。像一个婴儿要成人一样，必须悉心不懈地养育。以至于后来学习第十版的学生，再拿起第一版看，觉得几乎面目皆非，晦涩难懂。这些进步，不知要耗多少心血。在每一次改版付印以前，唐亚伟都是从头到尾，逐字逐符地修改，在他的抽屉里放着一摞学员在实习过程中的意见，也有教职员改进的实例，他一点一滴汇总记录，都作为他改进的参考。深夜，唐亚伟的屋外，人们最熟悉的是桐油灯映出来的那伏案的身影。

后面的几十年，因坚忍不拔，顽强地普及推广，“亚伟”成了速记的代名词，也因此，亚伟速记成为中国普及面最广、知名度最高的汉语速记。这是中文速记史上最为难得的。然而，唐亚伟并不是幸运儿，只是勤奋与韧力使他看似很幸运。

速记专家徐荣，在评论当年这个年轻人的成就时说：“我国推行椭圆体系速记最早、最广、最有成效的唐亚伟，于20世纪30年代初期，就创造了椭圆体速记方案，对发展中国速记做出了卓越的贡献。55年的实践证明，这种椭圆体速记在书写流利、记音准确、辨认清晰、易学易懂、易记易用、适合中国国情特点等方面，特别是在速记艺术、技巧方面，都充分发挥了椭圆体系的优越性。50多年来，很多能人学者参与了这一方案的学习、应用、研究、改进与推广，其中包括许多教授、研究员、编审、高级工程师、专业和业余速记工作者，亚伟速记的学友遍及全国各地。正如《信息报》主编熊焰说的，‘中华大地上，可能没有一个地方没有亚伟速记的弟子’。”①

唐亚伟也在回忆录中写道：“我是1934年开始研究速记的，采用了椭圆体符形。1937年构思才完成得比较系统，当时我的创案思想，一是出于爱国，二是为了革新中文速记。因为我当时见的中文速记都是正圆体系的，而英文葛锐式速记的椭圆体确实比正圆体系速记的符形流利，自然，美观，符合手写的生理规律。后来又考查了葛锐体速记在美国的普及情况，以及对社会文化所起的作用，因而就决心把这一体系应用到中文速记里来。书成之后，我曾寄给葛锐格博士征求意见，得到了他的赞许，并回赠了相关的书籍。《亚伟速记学》出版后，我在重庆设校推广，开始献身中文速记事业。转眼已经55年了……”

① 北京《信息报》，1986-08-19，《速记苦斗士》。

信心来源于不断摸索，不断学习，与不断取得的进步。

1938年，唐恭汉正式更名为唐亚伟，以示决心完成这个亚洲速记界最伟大的任务。为使用汉字的中国建造那座辉煌的大厦，就此开始了。

一生就做一件事

创建速记学校，这是推广新速记方案必需的途径。唐亚伟经过深思熟虑，做出了这个决定。

从历史角度看，只有办速记教育，才能达到普及的效果。一些发明中文速记方案的前人，有的人没有想，有的人想过却没有做，即便是做了的人，在唐亚伟之前没有一个坚持做到底的。往往，他们只把自己发明的方案公布并交书商出版，以为中文速记的事即完成了，结果是书商把书付印出版后，便不了了之，多年以后就被世间遗忘了。他们的书籍唐亚伟读了很多，他深深感到，前人所做的速记方案，有不少是很不错的，但阅读这些书的人却寥寥无几。只出书不推广显见是不行的。那么，谁来推广？不研究速记的人或书商，都不可能推广这陌生得如同小线虫子一样的符号。

相比之下，以前的速记方案创造者，无论是谁，生活环境都不似现在这样艰苦。唐亚伟现在身处的是重庆，此时正发生着战争，日军飞机的轰炸，度日的艰苦，断粮断炊扰乱人心，如此动荡的生存环境，与战前的上海和北平绝无可比，苦难艰辛太多太多。

唐亚伟的这座大厦只能在一片荒滩上来建造，他一无所有，除了决心和毅力。

那时唐氏母子的日子真是贫苦交集，太需要钱了啊，于是，就有人来劝说唐亚伟把书稿卖掉，可以获得 300 块钱。此时如果有 300 块钱，真是解了燃眉之急，然而唐亚伟断然拒绝了这个建议。他想，速记前人一个个倒下去的例子，在自己身上绝不能重演，必须要把潜心钻研了几年的成果出版印刷，成为可以讲课的教材。可是，印刷出版所需的钱到哪里去找呢，眼见大家都是逃难来的，周围的人和自己一样，每日吃饭都成问题，没有闲钱帮助别人。踌躇了多日，唐亚伟决定出去打短工。一点点挣吧，印刷讲义只得等钱凑够再说了。母亲听说他要去打短工，心里难过极了，儿子咯血的毛病还没有痊愈，怎能去江边扛麻袋？这时，钱幺姑又显示了她性情中的刚毅，踮着一双小脚，挨门去访问教会的姐妹，终于在几天之内借到了 100 块钱。拿到钱了，她的心无比踏实——还在咯血的儿子不用去打工了。

唐亚伟就用这100块钱，印了500本讲义教材，此乃亚伟速记学校的第一本教材。看着白报纸石印，唐亚伟眼角不禁湿了，眼前隐约呈显出那座气势雄伟的大厦。在若干年后，当那座大厦实实在在屹立在中国大地上时，这本1938年版的亚伟速记讲义，珍贵得连孤本也无法寻到了。

就在讲义印出来不久，重庆南岸遇到了日军飞机轰炸，唐亚伟的小屋被炮弹击中。飞机刚刚呼啸着过去，这母子便奋不顾身冲进去，在废墟里抢救出一部分残存的讲义。

1939年2月，“私立亚伟中文速记学社”在重庆南岸的一间小屋里成立。如此艰难的日子，只能先办函授教育，就用那些炮火摧残过的《速记学讲义》为教材，每位学生的学费只收二元五角。社内分设教务、编译、文书、事务、推广五股，由朋友分别担当各股主任，实际上各股的工作全由唐亚伟一人完成。拟广告，寄简章，登记，发教材，改课卷，回复信件，写油印，都由他这个身兼社长、教员、校工一人干。在创办学校的初期，其艰难可想而知，学费收入根本不够日常支出，为了增加学习速记的生员，他坚决不提高学费，也因此，学员从开办学校时的只有1人报名，三年后到3000多人报名。为了柴米油盐，白天他得过江去找份临时代课的工作，或教英语，或教美术，或做其他只要能挣到钱的工作，晚上回来后，再于桐油灯下忙到深夜。在带着强烈激情的劳碌中，咯血病竟不治而愈了。

“时间太宝贵了，没有时间做闲事。”这是唐亚伟的口头禅。人们理解他说的闲事，就是中文速记以外的事。随着学校的壮大，三年以后，授教学员增至3000多人，教职员也还是他一人，只是个别时候请教员帮忙。他的桌头上贴着“来宾赐教，请以五分钟至十五分钟为度”的条子，不允许自己浪费一分钟，因为他梦中的那座大厦才刚刚打地基。

纵观有些人，他们有创造性，有工作热情，有恒心毅力，孜孜不倦，努力实现理想抱负，但终其一生并未有大收获，甚至默默无闻地沉寂于黄土，最终努力落空了。历史上这样的人屡见不鲜，追究其原因，他们有勤奋的精神，却没有向外拓展的能力，著书立说，只藏于深山，后人偶然看了，虽有得益，也窃为私有了。

这些历史的教训令唐亚伟悟出，要把中文速记这座大厦建立起来，如果只做做书生，三年便偃旗息鼓了。中文速记要发展，要传播，要普及，要进步，必须从教

育着手，办好教育不与外面的世界连接是不行的。在基督教的礼拜上，唐亚伟结识了两位忘年的朋友刘定五[①]

---

① 刘定五，刘治洲(1882—1963)，字定五。陕西凤翔人。清光绪三十二年(1906)考入凤翔府中学堂，又经选拔入上海理化专科学堂深造。毕业后去日本留学，参加中国同盟会。1912年冬，刘被推选为国会众议院议员。1913年6月袁世凯解散国会，刘离开北京去上海，进行反袁活动。1917年7月，与国会议员200余人南下广州，参加广州护法国会议员非常会议，选举孙中山为军政府大元帅，刘任大元帅府秘书。1922年6月，应黎元洪之邀，出任北京政府农商部次长、代理部长。

1927年5月，冯玉祥率国民革命军第二集团军24万人由西安出师北伐，攻克郑州、开封。刘随冯军出征，曾担任郑州市市长、河南省建设厅厅长和冯的高级顾问。在郑州时，曾与中共党员共事，掩护过南汉宸、张道吾等。

1930年春，刘以冯玉祥的总参议名义去太原，促阎锡山下决心反蒋。1932年冬，协助冯玉祥筹组察哈尔民众抗日同盟军，担任总参赞职。1946年秋，刘脱离陕西省府公职，1948年移居上海。1949年初赴香港，与李济深、郭沫若等同住一起，后由中共组织安排北上。同年冬，周恩来约见刘，并委托他再去香港，协助进行对台宣传工作，刘定五先生以古稀高龄，尽心为祖国统一奔波。返回北京后，担任政协全国委员会委员及民革中央团结委员会委员。参阅《凤翔县志》，陕西人民出版社，1991年12月出版。

与孟宪章[①]。这两位是德高望重的民主人士，帮他开启了一座大门，进得门来，便是一条洒着阳光的路，虽然走在这路上时而也遇到些风雨，但还是引领着唐亚伟，帮助他的速记事业成功了一半。

1942 年，在重庆鱼洞溪，唐亚伟建立起自己的校舍，由冯玉祥将军任董事长，陶行知先生为董事，国民党行政院院长林森先生题字，“亚伟中文速记学校”正式挂牌。学员达到了 3500 人，并有了专职教职员工。抗战胜利后，1946 年夏，亚伟速记学校迁至上海欧阳路的 30 号，租校舍，速记教育不能停止。出川仅仅一个月，速记学校就急急上马了。1947 年，经多方筹钱，又购置上海迪化路 389 号屋为校舍。自此，“上海亚伟速记学校”有了自己的校舍，恢复了专修科、函授部，筹

① 孟宪章 (1895—1953)，湖北均县（今丹江口）人。毕业于北京高等师范学校。1927 年至 1929 年任冯玉祥随从秘书，1940 年经冯玉祥推荐任国民党中央军事委员会政治部设计委员、中央银行专门委员。1946 年与张西曼、许德珩、孙荪荃、吴藻溪等人创办九三学社，并任理事。1947 年是上海九三学社“反美扶日”运动的主要发起者。并以中央银行专员身份掩护大批中共地下党员。1949 年 9 月，他被推选为全国第一届政协常委。新中国成立后，他任中国人民银行专门委员，湖北省人民政府委员，九三学社第二届中央常务理事、第三届中央委员。著有《中国近代经济史教程》、《察哈尔抗日实录》、《“反美扶日”运动》等。摘自《十堰日报》2009 年 8 月 29 日。

建了学生宿舍。那时学员已经数万人，专业教职员十几人。毕业的学生任职于中央和地方各机关社团。后来各地速记学校开办起来——香港亚伟速记学校、南京速记学校以及北京速记学校等等。在速记教育方面，唐亚伟于 1939 年至 1948 年出版了《亚伟速记初级教材》、《亚伟速记高级教材》两本教材和《速记发音法》、《速记纵谈》两部书籍。同时，初高级教材年年完善，期期更新。先后十七版，数量之多，已经可以普及到全国各地的亚伟速记学校。亚伟速记月报至 1949 年共出版了 67 期。

抗战期间，亚伟中文速记得以较为平稳的发展，学习速记的学生数量十分可观，且又是那么艰苦的条件下，这里面有唐亚伟的勤奋与坚韧，也有以冯玉祥将军为首的各界知名人士的大力扶持。这些有识之士的帮助，成为亚伟中文速记历史中可圈可点的重要一笔。

所以，我们就更要记住唐亚伟说的这句话："一个人的一生时间和精力都有限，从事于一桩事业，恐怕还难做好，哪有时间去旁骛呢，我参与任何一种活动，都是和速记有关或者有助，否则我绝不干的。"

陶行知有一句名言，他不止一次说过，"人生为一件大事来"。这观点与唐亚伟又不谋而合了。

为建造这座中文速记的大厦，唐亚伟的一生确确实实只做了速记及与速记发展有利的事。

忘年之交

抗日战争期间，冯玉祥将军于1938年12月来到重庆。致力于抵抗日本的侵略，冯将军倾一腔热血，尽其所能。

“献身给国家，不怕刀砍与枪杀；献身给民族，情愿粉身与碎骨。民族生存，我方生存，我身虽死，换得民族生存。国家自由，我方自由，我身虽死，换得国家自由。”1937年7月28日，日军攻陷北平，天津失守。二十九军佟麟阁与赵登禹将军在北平南苑奋力抵抗，为国捐躯。二十九军曾是冯玉祥将军属下，将军闻讯发出这悲壮的呐喊。此后，冯将军抱着共赴国难的斗志，奔走各地，呼吁国共合作，一致对外。

抗战八年，冯玉祥将军在重庆，先后游历20多个县，广泛发动献金救国运动。在将军所著《我的抗战八年》一书中，详细记录了他一步一个脚印地为国难募捐的情景；他深知士兵生活、民间苦难，为人所不敢为，说人所不敢说，屹然成为抗日战争中的中流砥柱。

一次抗日演说的集会上，唐亚伟与这位同是基督教信仰者的冯将军相识了。台上唐亚伟抗日救国的讲演，慷慨激昂，极富感召力，冯玉祥将军由刘定武先生等人陪同，静静地坐在台下面，听着听着，将军悄悄地问刘定五先生："这个人是谁？要把他吸收进利他社。"显见，冯玉祥被这位年轻人出众的讲演才华吸引了。

演说结束，冯将军热烈鼓掌，然后上台与唐亚伟握手拥抱。从此，这相识、相交、相知的友谊开始了。唐亚伟常常应邀出席冯玉祥将军组织的各种聚会。后来在将军的盛情下，担任了"利他社"的副秘书长。就是在这个时期，他结识了同是利他社的陶行知。关于利他社，冯玉祥将军是这样描述的："重庆工商界和学界的朋友们，成立了一个利他聚餐会。利他的意思本来就有利大他、利小他的分别。利大他就是利国，换一句话说就是用全部力量抗战，使国家得到独立，自由。利小他就是随时随地帮助别人。原来只有十个人，那十个人是谁呢？就是沈天灵，冯子源，陈汉清，陈容贵，陈祖先，陈丰镐，陆绍云，胡振文。这几位朋友都对节约献金救国运动非常出力，还有张树生先生对于献金救国也是特别热情。"①

与这些人相比，唐亚伟还是初出茅庐，年轻得如同晚辈。他自知为冯将军抗日救国运动出力的同时，肯定也可以得到将军对举步维艰的速记开创事业鼎力的扶

---

① 冯玉祥：《冯玉祥自传》，第二卷第136页，解放军出版社，2002年6月出版。

持。冯将军得知唐亚伟正从事中文速记研究，亚伟速记学校已经在全国开展速记教育，并了解到中文速记与世界速记还有相当的差距，便主动要求当董事长。在任期间，他不但没有因自己的这个职位得到过钱，反而为学校捐了些钱。冯玉祥说，小孩应该从三岁就学习速记。这话让小字辈的唐亚伟感动至深。此后，他为冯玉祥的募捐救国运动尽力做了些实实在在的具体工作。这在他来说，做速记以外的事情，是破天荒的。于是，冯玉祥与唐亚伟，两个年龄相差 33 岁的人，结下了忘年之谊。

冯玉祥，字焕章，原籍安徽巢县西北乡。1882 年 6 月生于河北省青县。三岁时，全家迁居保定城东二里的康格庄。冯玉祥在这里度过了他整个少年时代。少年时期的他生活极其苦难，只读了一年多的书，为了生活，12 岁便入伍为兵。

冯玉祥的一生堪称传奇。历经清、民国，从光绪、宣统到蒋介石，在中国近代和现代史上的很多重大事件，几乎都有冯玉祥将军的影响存在，他为我国的民主革命做出了不可磨灭的贡献。他历经沧桑，忧国忧民，追求光明和进步，是著名的爱国者。

冯玉祥将军致力扶持中国的教育，尤其是对底层平民教育的推动，也是他一生重要的一笔。因幼时苦难的环境，未得到应有的基本教育之故，冯将军后来几度苦苦读书，终身学而不倦，凡学问厚重的人皆得到将军真诚的尊敬。将军在《我的抗战生活》中，对四川一个乡村有这样的赞美："陈家桥一带，有一种最好的风气，就是十岁八岁的男女孩子，在天一亮的时候，一面放牛，一面大声读书，那真是中国社会最珍贵最美丽的一种活的图画了。因此，我每天早晨，就到野外去听去看，觉得心里舒适极了。""抗战胜利前两三年间，四川乡村的学校，增加的实在不少。因为够水平的先生不十分多，再加上房子的问题，操场的问题，制服的问题，免不了有人说怪话。可是，我觉得无论怎么样总比不办好得多。你无论办怎么好的事情，总不能叫人人都说好。这就是说，没有无阻力的事情，只看你能不能冲破阻力，克服困难就是了。"① 冯玉祥将军重视教育的一颗赤诚之心跃然于纸上。

冯将军在刚刚治军时，信奉了基督教。初始是为信徒们严谨的生活态度而心动，他发现基督教徒中没有人吸食鸦片，无论贫富子女都上学，而且都有相当的事业，无游手好闲之人，妇女没有缠足的。"就这简单的几条，使我非常羡慕。当时我想，全中国的人民若人人

---

① 冯玉祥：《冯玉祥自传》，第二卷第139页，解放军出版社，2002年6月出版。

都能如此，国家必定慢慢地有办法，社会必定慢慢地有起色，因此我对基督教的态度就一天天不同了。”

受了宗教熏陶，后来，身为民国政府革命军一级上将的冯玉祥，和国民党其他高级将领有了很大的不同。他一生简朴，生活态度极为严谨，就是在重庆与美国生活期间，自家种植蔬菜，孩子及夫人的衣着只两件换洗，再无其他奢侈。夫人李德全，原在北平贝满女子教会中学教书，基督教女子青年会干事，可谓有才有德，相夫教子，同样是朴实无华。冯玉祥因此有了“基督将军”之称。

仅因上面的两个共同之处，冯玉祥与唐亚伟有了许多的共同语言。他二人能够成为推心置腹的好友，也许这些是必要的前提。

唐亚伟因为加入了利他社，得以结识大批社会知名爱国人士，如陶行知、李公朴、闻一多、谭平山等人。

利他社是冯玉祥将军在抗战中期为了联络有关各方人士而创立的。在重庆先是组织利他聚餐会，到1942年10月正式成立利他社。本着孙中山先生的“人生以服务为目的，革命以利他为本务”，进行抗日救国募捐活动。

开始时，该社每两周以聚餐形式集会一次，费用由参加者自理。发展了一段时间的利他社，大体上由三部分人组成：一是重庆的民族资本家及其代理人，如沈天灵等；二是文教行政界的知识分子，如陶行知、李公朴等；三是基督教中的代表人士，如重庆社交会堂牧师毛吟槎等。开始时仅十人，后来发展到百余人。利他社的宗旨有三：一是互助，二是研究，三是力行。其主要任务是推行抗日献金运动。募集献金结束，冯将军把一部分财物给了八路军办事处，一部分给了老舍主持的“文艺界抗敌协会”，一部分给了陶行知的育才学校，一部分给蒋介石作为国军士兵“吃不饱，穿不暖”的费用。当时周恩来住曾家岩50号，冯玉祥住两路口巴县中学大院，相隔不远。后有周恩来称冯将军“屹然成为抗战的中流砥柱”之赞美。

重庆时期参加冯玉祥将军领导的抗日献金运动。图中第二排左第五人为唐亚伟。

医生朱农和任利他社总干事，1945 年 7 月去世后由唐亚伟接任。利他社作为一个抗战时期的社会团体，曾邀请周恩来、董必武、王若飞到社演讲，也请过知名进步人士李济深、马寅初、李公朴等讲演。一次，唐亚伟请王若飞到速记学校演讲，并且参观这个简陋的中文速记学校。吃饭时，王若飞与大家谈抗日形势，由在亚伟速记学校的教师伍天峙做速记记录，因众人畅所欲言，伍天峙不停地写着，顾不得吃饭，冯玉祥将军就把一片牛肉用刀切成一个个的小块，送至伍天峙手边，以方便他吃。如今 90 岁的伍天峙回忆那些事时，很感慨地说，这些人都没有名人架子，事事替他人着想。

有一次，冯将军派一个人来到亚伟速记学校请唐亚伟尽快去见他，由这人带路，来到重庆郊外的一个山洞里。此时冯将军坐在阴暗的角落里，面色焦急。见唐亚伟进来，立刻把他拉到更暗的深处，压低声音说，现在要和共产党联系一下，因为我的身份不宜公开和共产党接触，想来想去你最合适，不知道你愿意去吗？唐亚伟立即说，我可以去。唐亚伟知道那个时候冯玉祥先生经常搞的是抗日“献金会”，需要请一些商界或者是实业家和一些社会知名人士在一起吃饭，这次需要请共产党代表来参加，肯定为了宣传共同抗日。于是，他独自一人去了红岩村一号中共驻重庆办事处，替冯将军邀请共产党代表来参加宴会。

唐亚伟甘心为冯玉祥将军做着这些对抗日有用的事，也许是小字辈的缘故，他是低调、踏实、周全而悄无声息的。

蒋介石政府深恐冯玉祥借此扩大了势力，多次派人骚扰，以至利他社始终只能以帮会的形式存在。1946 年 9 月，冯玉祥离国去美，利他社群龙无首，活动就很少了。1947 年末，因内战时期国民党对进步人士加紧镇压，利他社一度转为地下。

唐亚伟当时在那个范围内，算是很年轻的，在号召献金救国讲演等事务上，冯玉祥着实需要他做不少事情，因此往来频繁。在那个时期，唐亚伟受冯将军的影响极大，尤其是将军身体力行地爱国，令年轻的他敬佩不已。夫人戴志贞女士回忆：二儿子出生后，很受冯玉祥夫妇喜爱，李德全夫人每每见了，总是爱不释手地抱着哄他玩耍，冯玉祥将军赐名“小亚”。可惜这孩子在一岁半时得了脑炎，抗战时期的重庆水深火热，速记学校入不敷出，经济实在拮据，孩子没能得到很好的治疗而夭折。

在这段日子里，唐亚伟最大的收获是速记学校扩迁至重庆鱼洞溪，正式更名为“亚伟速记学校”。冯玉祥为董事长，陶行知、李公朴、刘定五、孟宪章等人为董事。请到林森题写校名。

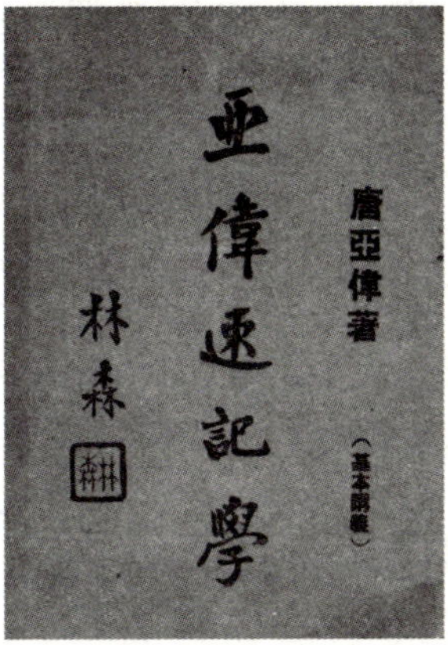

1942年国民政府主席林森为《亚伟速记学校》题字。

林森生于1868年3月16日。福建闽侯县人。早年追随孙中山先生，是国民党的元老。1932年起接替蒋介石担任国民政府主席一职。林森信奉基督教。生性淡泊俭朴，不嗜烟酒，不近女色，具有一个优良政治家所应拥有的品质：正直宽容，温和稳健，不徇私情。他无心政治，被称为“超然派”。他的官邸十分简陋，如同普通民居，甚至没有卫生设备。而因为房屋少，仅有的一个警卫班只能借住在邻居的空屋里。在抗战时期，他被称为“不问政治，只主抗日”的主席，也因此与蒋介石不和。

林森主张办学育人，不但思路清晰，而且富有远见卓识。他坚信“教育大厦牢固先取决于基础”的理念，因此当年常对乡人解说“小学是基础，基础打不好，上进就困难”。他提出：“要物色诚聘胜任的校长人选”；“学校务须设民主董事会”；“要求学生穿戴（发型一律去辫）及仪容统一规定”；“对学生全部勉赠文化课本，对家庭困难的子女，放宽可免穿履入学”等等。这些在当时坚持办学教育的进步举措，具有深远的现实意义，起到促进教育发展的积极作用。1979年，中共中央评价林森为“著名民主革命家”。

林森的这个题字，唐亚伟使用了很多年。是崇敬，也许更是志同道合。

唐亚伟与冯玉祥将军一家的关系，一直延伸到几十年后，冯将军的遗孀李德全夫人，依旧关注唐亚伟的中文速记事业。后来冯将军的女儿冯理达，将这份友情也持续到了她生命的终点。

因冯玉祥将军，唐亚伟与教育家陶行知相识了。

陶行知，皖南歙县人，生于1891年。比1915年出生的唐亚伟整整年长24岁，同是属兔。这位著名的教育家，生平可用他自己的话来概括——“捧着一颗心来，不带半根草去”。

陶行知的父亲是个读了点书的人，先经营休宁县万安镇上的酱园，破产后便再不得志，清贫了一辈子，念念不忘的是让儿子读书。陶行知4岁时随父亲识字，6

岁时被邻村蒙童馆的先生方秀才看上，免费上了这家私塾馆读书。后又到县上程姓秀才那里读“四书”，再拜县里一位贡生为师学习《诗经》等。到此时，陶行知的国学底子就很坚实了。

陶行知的父亲信仰基督教，是歙县最早信奉基督教的四十人之一。这宗教信仰给他的精神方面解决了什么，我们尚且不论，却实实在在给陶家的困难生活带来不小的帮助。如陶行知的母亲到歙县基督教会办的一所中等学堂帮佣，佣金虽然有限，对于家庭生活无疑是小补。尤其是陶母所服务的教会学校——崇一学堂，校长是英国传教士唐俊贤（G. W. Gbb），在母亲的请求下，将陶行知收入学校学习。陶行知从此进入了新学堂，这在陶家是一件很大的幸事，就陶行知本人来说，这善举改变了他的命运。

在这个教会办的中等学校毕业后，陶行知本想以医救国，校长唐俊贤就建议他投考杭州广济医学堂，也是教会办的免费学堂。后因种种原因，去广济医学堂学习的事情搁浅。第二年，陶行知又找到了苦苦期盼见到的唐俊贤，经唐俊贤指点，陶行知回乡苦读英语，半年后由唐俊贤推荐，顺利考入教会所办的高等院校南京汇文书院。金陵大学是由汇文书院与宏育书院合并而来，当陶行知在汇文读完两年预科，恰逢金陵大学成立，便直接进入金陵大学学习。在金陵这所教会学校里，除接受了高等教育，陶行知也基本奠定了自己的基督教信仰。

由于父亲，也由于恩师唐俊贤教士，接近教会是很自然的事情。在金陵大学的四年期间，陶行知心中一直为是否信仰基督教激烈地斗争，犹豫的原因主要是质疑自己对这信仰的动机是不是纯洁，把“我能得到什么好处”挂在嘴边，他认为是追求功利，是不行的。当年冯玉祥将军信奉基督教，是被教士们朴素的生活态度所吸引，而陶行知在金陵大学接受了基督教是被“我们要像爱自己一样爱世人”、“自由，平等，博爱”的教义所感染。此外，陶行知还深深感到，教会在中国所办的大学，如天津大学、燕京大学、岭南大学、金陵大学等，是中国的教育中心，没有它们，中国仍然处在极度的愚昧中。要改变中国的愚昧状况，提高国民整体文化水平，陶行知立志用一生来做平民教育的想法不能说与他的这些感想无关。1912 年 12 月，陶行知写下了他的《信仰自述》。

以上如此絮述，是为了做一个详尽的比较：陶行知的心路历程与唐亚伟的心路历程有着出奇的相似之处，相似得几近一致。就这“相同”而言，他们没有道理不产生共同语言，没有道理不走共同的道路。所以，两个相差 24 岁同是属兔的人，相交至深，无所不谈。当然，在唐亚伟这方面，学习与借鉴的地方更多。但是也有不尽相同的地方，那就是性格——陶行知是火热的，唐亚伟是冷静的，陶行知是激进的，唐亚伟是沉稳的。

唐亚伟的学生在 1947 年撰写的书中，这样说道："唐先生的教育思想，说来是注重于自立精神与自立技能的养成，他认为一个人不劳而食是一种耻辱，同时也是社会的害虫，每一个人都应该有一种谋生的技能。所以他提倡职业教育，而速记教育正是职业教育。教育家陶行知、邵爽秋都是唐先生的好朋友，他们时常往来，在教育问题上有许多见解很相同，也有不一致的，但讨论总是在进行着，……"

陶行知从美国留学归来，放弃大学教授生活，从事大众教育，不离不弃直到他生命的尽头。而唐亚伟也曾多次放弃在民国政府机构任职的机会，选择了发展中文速记职业教育，不悔不改执着了 80 年之久。

在抗战的重庆，陶行知办了"育才学校"，唐亚伟办了"亚伟速记学校"，前者是收战时难童接受普通及特殊教育，后者是为贫困青年进行职业技能教育，同为贫苦孩子解决学习问题，不同的只是细节而已。

从记载看，在那期间，唐亚伟到育才讲课是不少的。陶行知办的平民学校，与亚伟速记学校一样，同是私立学校，资金来源十分辛苦。不同的是，亚伟速记学校收一点象征性的学费，而育才招收的学生都是战时难童，靠政府扶持和社会大众募捐。比较一下，陶行知早年推行平民教育“小先生”计划，令陈立夫不满，这就先得罪了眼下的教育部长，批拨钱款自然困难。去四处募款的情景之艰辛，更是催人泪下。那么唐亚伟的学校呢，他是完全自立的，政府不会给一分钱，募款又没有陶行知的名气大，即便去募也是罗雀掘鼠的情景，其所得甚少。学校常常面临断炊的险境，每当险境来临，唐亚伟要靠自己白天去外面替别人工作，凭面子先支出一些钱来令学校渡过难关，夜里再为学校工作到深夜。但，给陶行知的育才的难童讲课，唐亚伟是分文不取的。而陶行知从亚伟速记学校 1942 年扩迁至重庆鱼洞溪就任董事，想来这职务也是没有任何报酬。据说，到了 1941 年，重庆的米价已经涨到 80 元一斗，是以前的 40 倍，战时大后方的人民生活日益艰难。节衣缩食是唯一的办法，陶行知提出“不冻不饿，省吃省用”和“在校师生两餐制”的口号，唐亚伟在最困难时说“能有一顿米饭，是不是就很好了”，这极其艰难的国难时期，他们拼力地扛着，同样有着惊人的毅力。

创建速记学校

1942年的春天，亚伟速记学校自南岸迁到重庆郊区的鱼洞溪，对于唐亚伟这无疑是一个巨大的变化。望着一块空地上的几间竹子搭建的破旧房子，他依然兴奋不已，无论怎样这是属于自己的校舍。要扎实地把速记教育搞好，学校还需要扩建，以便更多招收学生。为了扩大中文速记教育的范围和影响，后来的三年中，他无时无刻不在为修建这所校舍奔波着。他一直从事的是函授教育，收费极低，一点点攒出钱来实在不容易。就是梦里，都在为修建房子计算着钱还差多少，该怎样去搞定。其实，略知晓旧中国的人都清楚，那时吃饭的费用，比购置几间摇摇欲坠的竹草房屋，要沉重很多。即便如此，一间间地修建校舍，对唐亚伟来说也是极为艰难。

但是唐亚伟想，私立学校办学，如果采用长久租房的方法，一旦发生资金短缺，租金后续出了问题，那么，就面临或迁址或停办的危险。27岁的唐亚伟与中年的陶行知相比，无论人脉上还是名望上都属小字辈，他不能，也不愿发生这样的风险。所以鱼洞溪的校舍是简陋的，建设计划也只不过十来间竹草土房，刚搬迁来时可使用的仅三两间。唐亚伟却觉得踏实而实用，就需要持续发展的中文速记教育来说，安稳，太重要了。况且，更不可相提并论的，是陶行知的育才是战时难童学校，接受社会广泛的捐募，而唐亚伟的速记学校，是纯粹私立职业培训技能的学校，要得到社会的认知度，全得靠唐亚伟单枪匹马去创造，去争取。鱼洞溪校舍是简陋的，且是陆陆续续建造起来的，直至抗战胜利，速记学校的校舍建设也没有按原计划全部完成。这是因为唐亚伟所有的建校支出，都要靠他一分钱一分钱地挣来，没有其他便捷方法。鉴于此，鱼洞溪的建设一步到位是不可能的，唐亚伟又坚持不向任何人借钱。这样，所有的困难全由唐亚伟自己一人扛着。

相比之下，陶行知先生办学是较宏伟的。陶行知的育才学校，是租赁了一个寺庙，曾经两度到育才讲授中国历史的翦伯赞对这里有较详尽的描述：“庙里环境秀雅怡人，庙宇四进四出，不下几百间房屋，阳光充足，空气新鲜。……”1932 年，陶行知计划之中的千人小学生暑期学校，因为经费发生困难而未果。原因之一是他在哥伦比亚大学的校友庄泽宣（时任厦门大学教授）的劝告，“……暑期科学师资讲习班已由文化基金和数大学办过，成绩不过尔尔，晓庄若办，恐更不及，大规模恐更有害。弟尝以为中国社会的生活仍以人与人的关系为本位，无法治的训练，则大规模的生活必有害，试看一些实业小规模时均欣欣向荣规模一大未有不失败者，学校更不必论，晓庄之败，即败于扩充太快。一班出校后再招一班，庶可养成优异纯洁之校风。”这些极有先见之明的话，当时陶行知听取了。而唐亚伟似乎原本就是这个“小与简”的办学原则。继鱼溪洞建校后几年，亚伟速记学校陆续在全国遍地开花，皆得益于规模不大。

鱼洞溪建校的庆典仪式热烈而简单，由林森书写的“亚伟中文速记学校”大牌正式挂了起来。董事长冯玉祥将军对于中文速记给予厚望，他说：“我们是一个落后的国家，许多新的技术和新的发明，没有被人注意到，而且大家已经养成一种漠不关心的习惯，这种习惯是我们国家不能进步的最大原因。即以速记一项来说，这是现代文明各国所共同提倡的一种学术，而在中国却很少有人去注意它，提倡它，以致今天还深落人后，不能为社会国家发挥它的功用。……速记是民主政治最重要的工具，今后的需要当更加殷切。”①

话虽不长，一语中的。冯玉祥、陶行知、李公朴、刘定五、孟宪章、潘震亚等人都离去后，唐亚伟立即投入了新的教学计划中，即，立刻招收住校在读专修生。

---

① 北京速记协会培训中心、西城区职工学校合编，《速记知识丛刊》，第42页，1985年出版。

经三年的努力，终于结束了只能招函授生的办学方式，只有面授教学，才可以多培养出实用的优秀专业速记人才。

鱼洞溪速记学校的建成，使唐亚伟的速记教育生涯就此迈上了一个新的阶段。应该承认，如果没有冯玉祥将军和陶行知这些热心支持教育的社会名流，扩建速记学校以招收在校专修生，还须待很长时日，对此，唐亚伟抱以了无限感激。作为回报，年轻的他无偿地为冯玉祥将军做了很多琐碎而烦劳的小事情，为将军发起的抗日献金运动去讲演，也给陶行知的育才学校无偿地讲课。白天的繁忙过后，人们更多地看到办公室里夜夜不眠的桐油灯，窗纸上映出那伏案工作着的高大身影。

陶行知先生基本是武训式办学方法，即义学，让上不起学的贫穷子弟接受普及文化教育。这位教育家一生反对死读书，提倡手脑并用，成为有用的人才。他的“小先生”计划，就有这方面的意义。在冯玉祥将军《我的抗战生活》中详细叙述救国献金运动时，他这样写道：“陶行知先生介绍一个旅行团，都是十三四岁的孩子，唱歌表演，谁一听见，都是鼻子发酸要掉眼泪。有一天我在银行公会请他们来唱歌，大家听了感动极了。像这样的孩子多得很，怎么他们能训练这么好呢？后来他们到重庆宣传抗战，没有一个人不感动，唱的歌没有一个白费的，都是宣传抗日的歌。”这是冯将军对陶行知育才学校最生动的赞美。也由此可见，陶行知先生为这些孤儿可成为有用的人，献出了可昭日月的一片心。

唐亚伟提倡三育的心手脑并行的全面教育。他说，这样可以帮助清寒而努力的人，得以有求学机会，养成独立自主的精神。鱼溪洞校舍大致建成后，有了招收住校学生的能力，每期必定要招收流亡的贫困学生来半工半读，既学习技能，又解决学费。然而，鱼溪洞学校的半工半读不能与桥头镇三育相比，那时三育有教会支持，工厂与农场都具规模，产品畅销全国各地，而在亚伟速记学校，半工半读只是做些校内零活，高级班学生可以出去应承一些速记工作，资助学费是主要的目的。函授部对实在贫困的学生也有给予免除学费的待遇，同时，学校会尽力帮助学习优秀者介绍外聘速记的工作，以挣得一些生活费用。尽管学校常常入不敷出，唐亚伟依旧无时不在关心贫苦学生的学习。

陶唐二人在教育上的做法几乎是相同的，也许源于他们曾经都是贫苦的孩子，也许是出自他们共同信仰的基督救世精神，我们不得而知。但可以肯定的是，他们都是真正的教育家，人民的教育家。

抗战时期在重庆办学校的，还有另外一些人。比如顾执中的民治新闻学校，于 1943 年在重庆恢复。当时顾在国民党政府一个部门任职，新民学校的上课时间只在晚上。顾执中在他的自传《报人生涯》一书中，较为详细地记述了他在那时期的办学过程："……4 月 7 日至 7 月 8 日为第三学期，每天下午 6 点至 9 点 30 分止，上课三节，每节 45 分钟。学杂费为 350 元，法币下跌后，改为 450 元。那期招收学生 59 人。……到了 9 月至 12 月这期，招收学生 149 人，分作三班同时上课，人力有限，我们觉得吃力，只好把学生控制在 150 人，超过了教师和教室都成问题……"顾执中在书里面，对允许他在基督教卫理公会社交会堂开办学校的牧师毛吟槎，颇有微词，说毛收了他 1 万元建设教室的费用外（是由永新公司赵春咏所捐，后孔祥熙又捐 1 万），每月还要收水电费，等等。

同是私立学校，陶行知办的是难童学校，几乎都是孤儿，从吃穿用到学习文化，与收取学费之事是毫不相干的。唐亚伟的速记学校，以函授说，1939 年在重庆南岸时每学期每人二块五角，随着物价飞涨，大米几百块一担的 1942 年，也仅收学费几十块，函授教育所要信函回复的事务却是极其繁杂。为减少成本，这些繁杂的事务几乎皆由唐亚伟一人来干，就是这样，极困难的学生还是给予免交学费待遇，在校生每届一定必须招收大量半工半读生，这也成为唐亚伟速记学校一个巨大的经济负担，因此学校常常有断炊之事发生。

在昔日的战时重庆，同样是办学者，为人为事大不相同可见一斑。

迁至鱼洞溪后不久，学习速记的学生达到了三千五百人。在读的专修生每班招收几十人，每期一两班不等，讲课教师不够用时，就聘请一些原来毕业的学生来兼课。这时，速记讲义已经是第三版，同时为高级班学习的高级讲义也开始使用。所用的全部教材，编写与组织都是由唐亚伟一人来做。他是自少年时就做书写的，字迹自然一点不马虎，钢笔字端正流畅，绝无潦草的时候。就是写一封信也是逐字逐句推敲，四平八稳，读来怡然。

学校规模不大，事务却是浩繁。函授部的学生，自全国各地来信联络以求指导，这就成为一个庞大的通讯系统，不断有新学员入学，办理登记，寄发讲义，批改试卷，发放通知，答复问询，编纂丛书，发行月刊，就又成为另一个庞大的系统，再有时搞一些活动，如一人一书运动、基金筹募活动、读书征友运动等等，也都是需要大量精力的工作，动辄就是几千上万封信，要使得每个学员都满意，这是多么不易的事。当时的学员常有速记学校“效率惊人”的赞叹传来。有了一定基础的鱼洞溪学校，上述这些事几乎都是唐亚伟一人完成的，这简直令人难以置信。把中文速记发展传播下去，须是极艰苦、极细微、极富恒心的事。唐亚伟只有这样，亚伟中文速记才不至于昙花一现。

我们纵观唐亚伟的行事风格，事事由他一人来做，并非完全为了节省金钱，亲力亲为是一种放心，他不愿意发生丁点的差错。曾宪和是第一届专修班的学生，他回忆：“在专修班的那段生活很值得回味。我们早餐用稀饭这与一般习俗一样，不同的是将黄豆、花生和小麦在前一天泡发，早上用小石磨磨成浆，和米下锅，煮成的稀饭味美可口，营养丰富超过牛奶。中餐也很重视，荤素搭配，以蔬菜为主，餐桌上少不了豆类，菜的品种经常更换，就餐一律用公筷，唐先生认为健康的身体和远大的事业密切相关。他亲自过问生活，坚持办好伙食的三原则是，卫生，营养，经济。对奢侈和浪费深恶痛绝。他个人生活自奉简薄，去重庆办事即在小店里一碗饭，一碗清汤，从不更改。”以上这位学生的叙述，让我们想起桥头镇三育的早餐。

陶行知在育才学校，同样亲自制定了很多细致入微的规矩，并且随时亲自检查。比如，每个小学生要定时剪脚趾甲，这样可以节省袜子，厕所便坑的大小高矮，是否合适孩子的身材，等等，事无巨细地劳心劳力。陶行知要普及劳苦大众学习文化，摆脱中国封建社会的愚昧，因奔波劳累，死而后已。唐亚伟要为民族发展中文速记，填补中国的这项空白，倾其全部心血。

速记要宣传，要传播，一刻不能停止。唐亚伟大学攻读的是教育专业，很懂心理学。他把自己对速记事业的信心，以口头或文字的形式强烈地影响他人。报章、杂志、传单、图片、招贴、简章，甚至一个信封、一张信纸、一张纳费单，他都用来宣传速记学术，把一句艺术的、奇特的话写在上面，如“速记是武器”、“速记人是记录语言的飞行军”等等，以便引人注意：可谓用心良苦。

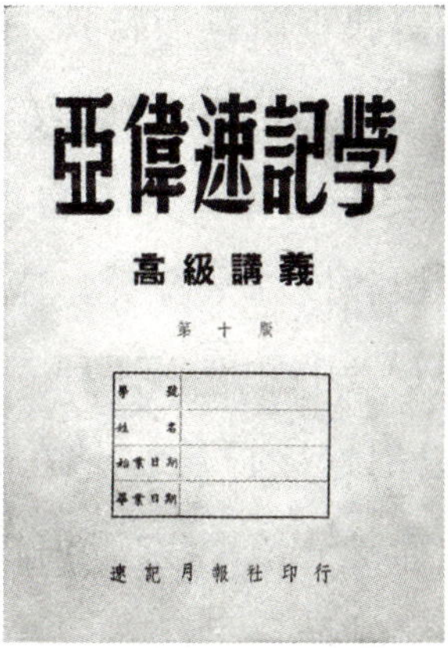

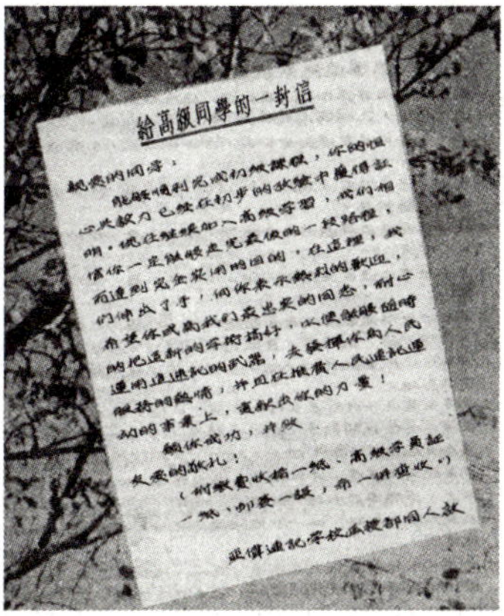

早期《亚伟速记学》高级讲义。

为宣传抗日救国，唐亚伟将自己的口才发挥到极致，他定期到重庆热闹地区进行讲演，结识冯玉祥将军等爱国人士后，参加的抗日宣传活动更为频繁，就此便也与一些名流开始熟络。他所做的这一切，为抗日，也为速记。“做一切对速记有帮助的事，……”

为了民族

1942 年，唐亚伟的速记讲义已经改版至第六版，日臻成熟，知名度逐渐升高，开始受聘于重庆各个学校讲授速记课程。著名的中国法学摇篮——朝阳大学 1943 年迁渝。法学院首先在书记官专修班开了中文速记课，中文速记用于法庭记录，为司法界培养了一批以中文速记方式进行法庭记录的人才。这门课程新颖而特殊，众多学生踊跃听课。为了使更多人了解速记，唐亚伟在授课时，凭着出众的口才，结合历史与艺术，活泼自然，妙趣横生，引得他系学生甚至院长教授都来旁听，盛况空前热烈。后来复旦大学新闻系专设中文速记课程，为新闻界培养出一批批人才。速记用途之广泛，是在 20 世纪 80 年代才被各界关注。然而速记在西方于司法、新闻、会议及重大历史事件报道等领域，早已被广泛使用。唐亚伟也要使中文速记为世人所知、所用，尤其是引导从事上述工作的年轻人重视速记的作用。

抗战时期的重庆是国民党政府所在地，各个机关团体使用的速记员，基本出自亚伟速记学校的毕业生。在国民党中央政治学校的邀请下，唐亚伟也去开设了中文速记课程。政大新闻系学生余利民应征去为政府机关做现场速记，回来说，如今像亚伟速记学校这样的工作效率实在少见，所见到的大小政府办事机构几乎一致的拖沓涣散，人浮于事，钩心斗角。

三育书社部分迁到重庆松林堡，成为三育教育史上著名的抗日后方学校。校长王震辉先生也是唐亚伟的恩师，盛情邀请唐亚伟为自己的母校开设了中文速记课程。这时期，为了传播速记知识，亚伟速记学校在各地频频开设分校，唐亚伟本人频频到各个学校讲授速记。

对于葛锐格速记在国外的推广情况，唐亚伟这样介绍道："葛锐格为了推广葛锐格速记方法，远渡重洋，去了美国。1893 年，他在波士顿出版了美国版权的速记教材，受到了社会的欢迎。两年以后，他迁到芝加哥，创办了葛锐格学院（the Gregg College），这是一所新型的商业专科学校，成为推广葛氏速记的中心。葛氏速记在美国拥有四千多个分班，各中等专业学校，中学、大学开设速记课程的，百分之九十以上是葛氏速记。""后来葛氏还办了葛锐格出版公司，在纽约、华盛顿、波士顿、伦敦、多伦多等地出版速记用书。20 世纪 30 年代，美国曾有图书畅销书统计，

《圣经》被列为第一，速记专科书籍排列第二。可见速记在美国普及的程度。”

中文速记要服务于使用中国语言的中华民族，也必须如葛氏一样下功夫普及广泛应用，唐亚伟坚定不移地朝着这个方向努力着。

与此同时，在延安，汪怡速记的传人石磊（张霁中），在七七事变后带了一本《汪怡简式速记学》奔赴延安，为延安的中国共产党机关部门开创了第一届速记训练班。从抗日军政大学和陕北公学抽调男女生各十名，由张霁中任教，教授第四式汪怡速记。白天他们在延安东门外一个小院子里上课，晚上围着煤油灯在盘里练习速符，在纸张也极度匮乏的艰苦条件下，学员们刻苦学习，提前20天圆满毕业。此后张霁中又办了多次培训班，培训速记人员200余名。

采用汪怡速记方式，记录了1940年毛泽东在延安宪政促进会上的讲话，速记了毛泽东的《为人民服务》、《在延安文艺工作座谈会上的讲话》等多篇讲演。从1939年至“七大”前后，大部分中央领导人的讲话是速记记录的。这也引起了毛泽东的注意，与朱德在杨家岭观看速记，看了速记稿后说“很像豆芽菜”。在一次延安举行的交谊舞会上，有个速记员坐在毛泽东身边。毛泽东问：“你是做什么的？”速记员答：“我是速记员。”

毛泽东又问："速记是谁发明的？"速记员答："汪怡发明的。"毛泽东说："汪怡先生发明的'豆芽菜'不错嘛，对我们很有用处。"①

延安时期，任中共中央书记处书记的任弼时对速记员说："毛主席的话很重要，他讲你记，要比他写可以节省很多时间。你们的工作是对革命有贡献的。"党中央要求速记员严守机密，忠实原话，有闻必录。②

延安有中文速记，这消息传到了唐亚伟耳中，他万分惊喜。那么遥远的地方，也有了快速记录声音的中文速记，并且得到了应用与认可，这对亟待发展的中文速记事业，是多么值得庆幸的事。

于是，在30年代末至40年代初期，中文速记进入了实际应用、并且南北呼应的初始阶段——即南方的亚伟速记和北方的汪怡速记。唐亚伟对于任何速记派别，一贯的观点是：学习，支持，携手。从这时起，他抽时间研究了汪怡简式速记，以便取长补短。第四式《汪怡简式速记学》，是一种四比例叶子形音节直配式汉语普通话速记，音符总数397个，由6张不同方向的叶子图形中分割出来的。总结了汪怡速记方法，唐亚伟虽然感

---

①《中国速记百年史》，第60页，学苑出版社，2000年出版。

②《中国速记百年史》，第61页，学苑出版社，2000年出版。

党尚有需要商榷之处，但毕竟速记在中国的不同地区、不同的人群中开始使用，延安也有了速记，这令唐亚伟无限欣慰。

据伍天峙回忆，利他社邀请王若飞来做讲演，王代表共产党中央提出召开政治协商会议、成立联合政府等主张。与会者发言踊跃，气氛热烈。由此，唐亚伟便结识了王若飞。此次会议的发言由伍天峙做了速记记录。

在王若飞离开重庆的前夕，唐亚伟请王若飞来亚伟速记学校参观，王对这种能快速记录语言的方法表示出了极大的热情。临别时唐亚伟对王若飞说，延安虽然已经有了另一种中文速记，但我还是很关心，有需要我做的事情，一定尽力而为。并且请王先生回去后，对延安的中文速记工作者转达他的问候。

汪怡先生在他的《汪怡国语速记学》的卷首语中说："我近年来为什么肯费精劳神一再编印速记书籍呢？一半是既有发明，自当完成，一半是因为看见过日本熊崎健的《支那速记术》，书中详细记述了前清政府拟聘请他来担任速记职务的经过，虽然没有成为事实，但速记为一国文字的缩写，中国人竟去请教外国人，岂不是一个绝大的耻辱吗？要想涤除这耻辱，自当由我们研究完成速记担负全责！本编不敢自信完善，但比熊崎氏所作，似较简捷而便于连写，或可为涤耻的一个纪念。”

唐亚伟深有同感。从十几岁开始致力于研究中文速记至今，时时记住涤耻，这是我们民族的事情。唐亚伟在晚年时发明的中文速录机已然问世，并广为使用了，仍然对汪怡先生给予高度的评价——“这是可贵的中华民族的伟大性格和爱国精神”。

非常遗憾，王若飞同志和叶挺同志所乘坐的飞机在返回延安途中失事。所以，唐亚伟想去延安看看的心愿未能成行。

回顾在重庆时期的唐亚伟，只热衷于抗日救国与中文速记，对于政治，他没有去太多关注，因为对各派的政治理念不甚了解，使得他抱着不偏不倚的态度。因此，他的学校里党派斗争痕迹不明显，只要来学习中文速记，一致受到热烈欢迎，以致学生里存在着各种政治倾向，每天海阔天空地各抒己见；学校聘用的教职员，唐亚伟是重视能力，不进行思想倾向的考察。在速记学校里面，可以天天读《新华日报》，也可以大声念《大公报》与《和平报》，这三份报纸正是左中右的政治观点，学校都订了，足可见唐亚伟的不偏不倚。在一些社会活动中，唐亚伟不受政治色彩影响，也不发表带有政治倾向的言论，遇到不可避免的场合，时常采用的方法是避而不谈。用他的学生伍天峙的话来说，用社会来做实验品的过激的人，唐先生似乎不太赞成。因为他认为这样的人容易忽略了向历史、向社会做贡献。

我们再看唐亚伟在1949年拒绝赴美，随各界民主人士北上，从香港返回新中国，以他惯常的做法，选择了讲汉语最多的地方——祖国北京，并主动要求先去学习马列主义这一系列行动，除了强烈的历史使命感，他确实不详知各政治派别的实质主张，人的精力实在是有限，传播中文速记教育占用了他的全部时间和心思，这使命感令他不可能也不愿意再有其他旁骛。对于“五四”以后成长起来的一代中国自由知识分子群体，在21世纪初受到了很大的关注，他们都是怀着强烈的社会责任感与历史使命感，不懈地追求自由精神。

“这些自由主义知识分子，规避战乱，以其扎扎实实的生活践履，丰丰富富的健全人格，为催生现代中国而自觉努力。在面临命运抉择时，他们大部分人拒绝赴台，亦不屑作白华，……”在评价林徽因与梁思成时，张洁对这一代知识分子做了这样的总结。

追求精神自由，极具自觉的历史使命感，作为这一代的中国知识分子，唐亚伟并没有例外。

陶行知早期创办的晓庄学校，因学生与教职工的政治倾向，几近成为共产主义宣传的聚集地，没有多久便被国民党当局无情地查封了。陶行知办晓庄学校，是他为大众教育创建的第一个较有规模的学校，办学过程之艰难与辛劳，感动了很多人。因为政治倾向招致当局不满，被轻率地毁于一旦。陶行知后来办的育才，中层干部几乎都是共产党员，如生活指导部主任帅昌书、白危（吴勃）、方与严、程今吾、研究组主任王洞若、社会科学组主任孙铭勋、音乐组主任贺绿汀、文学组主任魏东明。共产党高级领导人也公开发表对陶行知的赞许：时任共产党宣传部副部长的徐特立，在桂林的一次讲话中就不含蓄地说过待新中国成立后，聘陶为教育部部长，等等，并与之会晤往来频繁。这些，陶行知是默认的。抗战胜利后，国共内战，在闻一多、李公朴被国民党暗杀后，陶行知做好了自己就是下一个的准备。在国民党的暗杀名单中，陶行知也正是下一个。而不关注政治的唐亚伟却有一个意识似乎始终比较明了，不能“因少数人的政治愿望，引得对生命任意残杀，使社会与民族进步的道路变得曲折而坎坷”。这想法或许是来自他的宗教思想，或许是由于他秉承自由独立的精神。他以为，自己要用一生来建造的中文速记这座大厦，任重而道远，倘若自己没有做成，深恐再无他人可以完成，要保证生存，保存实力。他坚定地这样选择了。

眼前一个个残酷的事实，不由得他一次次地发出感慨：人一生的时间太有限，他必须努力再努力地去做成一件有益于中华民族的事。

青山遮不住，毕竟东流去。

表妹出嫁了

在唐亚伟的身后面，站着的不是一个女人，而是两个：母亲与妻子。

戴志贞是唐亚伟的表妹，6岁时由母亲与舅妈（即唐亚伟的母亲）口头订婚。那时12岁的唐亚伟已经在汉口读三育中学，而戴志贞还是个不知婚姻为何物的小女孩儿。

戴志贞1921年生于九江。家境小康，自幼读书，自九江中等妇产学校毕业升赣江高等妇产学校学习。抗日战争爆发后，随妇产学校同学逃难到重庆，加入到救死扶伤的抗日行列中。当时尚不知唐亚伟已经身在重庆，辗转几处亲戚家，才得知唐家母子的住处。相聚后不久，在唐亚伟人生最艰难的时期，由唐母操办，丁星五的父亲丁老牧师主婚，喜结连理。

24岁，秀美的戴志贞出嫁了。

唐亚伟与戴志贞虽说是父母给定下的婚事，却也是两小无猜、青梅竹马的感情基础。可谓知子莫如母，唐亚伟母亲很了解儿子的秉性，在他12岁时给他定下了这个自己也很喜欢的侄女，只因为唐亚伟性情太过规整，从小到大，面对陌生女性便局促不安，更不要说去应付了。这样的性情，娶一起长大的表妹是再合适不过的事。显见，母亲为他的选择是对的，当这对夫妻共同走过了 70 余载时，我们看到的情景仍然是恩爱如初，相濡以沫。

戴志贞文雅大方且具理性。终身教书，桃李满天下。我们看到 90 岁时的她，依旧是一位优雅而智慧的职业女性。

他们结婚时节正值鱼洞溪速记学校建立，没有浪漫的婚礼，也没有豪华的蜜月，他们也无须许愿发誓，唐亚伟把一生献给中文速记，戴志贞无怨无悔无语地紧紧相随。在婚后的第三天，戴志贞便与丈夫一起上班了，把自己与中文速记绑在一起，开始了共存亡般的漫长岁月。她在学校初期负责财务、教务，等等。有学生回忆当时的戴志贞："戴先生很特别，没有女人饶舌的天性，她比沉默的男人更沉默，绝不多说一句无谓的话，所以一切是非都与她无关。"由此可见，她深受学生尊敬。

在学生来借钱时，她总是回答："有！"如果没有，就拉开抽屉让来人看看，轻声说"再等几天吧"，这便是真的没有。戴志贞言行，以丈夫的事业为准则，从不偏离分毫。

1947年春末，爱儿“小亚”突发高烧，诊断为脑膜炎，送去胶州路一家医院诊治，仅仅一个晚上就开账59万元，注射盘尼西林三五瓶也无济于事，医生说起码要十几瓶以上也许有希望。此时每一瓶药市价为49万，合三担米的价钱。鱼洞溪速记学校因钱款不足，校舍的建设只能是陆续地进行，断钱粮是经常发生的事，这次显见是非常艰难了。面对巨大的医药开支，唐亚伟不得不把儿子从医院迁了出来，自行到另一家实验室做血液检验，说，如果是结核性的，药救也不会有太大希望。这个可爱的孩子，最终没有战胜病魔，离开了人世。回来的三轮车上，同去的人悲痛不语，唐亚伟打破沉寂，谈起了宗教信仰，他说，一个人在自己能力无法解决的情况下，只有把它交给上帝。还讲了宗教故事，来证明他的选择是正确的。一路上只是他一人在不停地讲着，语言里不无幽默、自嘲与内疚。

同样，唐亚伟也把这幽默传给妻子。儿子离去了，戴志贞怎能不悲痛，却没有说一句责备的话。对于中文速记，对于速记会怎样，她知晓的也许还未详尽，但在她心底早已铁定了，丈夫要把一生都押上的事业，她也用一生来陪伴。

90岁的戴志贞，在谈及那时期的往事时，每段话里几乎都要说几句小亚如何玩耍、如何可人，冯玉祥将军夫人李德全女士怎样爱不释手地抱着，等等，等等。这个为速记捐身的孩子，一直在母亲心里活着。

对于艰难与穷苦，戴志贞的态度相当安然。唐亚伟要赤手空拳建起中文速记这座大厦，她的态度是穷也速记、富也速记。婚后不久，学校的经济状况一度接近零点，一天只收入 50 块钱，戴志贞向刚从重庆讲课回来的丈夫如是说，唐亚伟笑着说，还不错，够喝一天白开水。见丈夫如此，她也笑了，问，怎么办呢？唐亚伟说，不怕，我再出去跑跑。听了这话，她一颗沉重的心顿时轻松了。是啊，丈夫说不怕，这么强有力的话，作为妻子，她当然也不用怕了。于是，又依然安安静静地做着打扫校园、整理办公室、检查学校信件往来、抄写简章等等繁杂得不能再繁杂的事。后来对于学校时时陷入困境的情况，她就习以为常了，勇敢地去面对，成了她的家常便饭。

同为夫妻，在发展中文速记事业上，戴志贞与唐亚伟似乎不能用共同作战来形容，如影相随更为贴切。她的做事风格毫无张扬，稳重地承受一件件高兴与不幸的事情，比如，学校一次次遭受日本飞机轰炸，待敌机飞去，一切重新再来。

速记学校的学生把这位美丽的师母比为是美国著名小说《飘》里面的韩眉蓝，足见她的美丽、善良与坚强。

民联轮

1945年8月15日，日本宣布投降。整个重庆沸腾了，人们泪流满面地奔走相告，一时间忘记了所有的一切，忘情地振奋着，欢呼着。唐亚伟和他的速记学校沉浸在这胜利的气氛中，他们狂呼着“抗战胜利了！”“中华民族万岁！”涌进人群，宣泄着在这整整八年中中华民族的艰辛，痛苦，煎熬，最终我们打败了日本、我们没有亡国的激情。

“没有亡国，我们胜利了！”唐亚伟一遍遍地重复着这句话。是啊，在他看来，我们胜利了，这是中国历史上最最重要的事情。

如今没有毁在日本人之手的中国，百废待兴，急需举国人民团结一致，令这个几千年的文明古国，昂首屹立在东方。中文速记必须要在革新进步中快速发展，要在全国各地开花结果。唐亚伟在兴奋之后，开始了这些深思。此时，八年来聚集在重庆的人们，陆陆续续以各种方式冲出四川，回到阔别的家乡去。冯玉祥将军那边传来消息，他正在为大批民主志士出川想办法。有了这个前提，唐亚伟开始着手安排重庆鱼溪洞速记学校，他要把亚伟速记学校迁至上海，以便更好地推广扩大中文速记。这里只留下小部分，设为亚伟速记学校四川分校，办学方针与教学方案没有更改，在人事方面选用可靠人才，守住这块阵地。

1946年5月30日冯玉祥将军的“民联轮”起航，顺长江缓缓出发了。

冯玉祥将军从蒋介石那里要出这条船，实属不易。当时国民党要派出各路接收大员分赴出川，水路船只异常紧张，蒋介石就让冯玉祥将军与他同乘飞机去南京，冯玉祥立刻谢绝了。他说，抗战初我帮助朋友到大后方，为抗日做了不少事情，我那时也向他们许了愿，胜利了一定把大家送回。现在胜利了，留下他们不管，我自己回去，如何对得起人！他们又能有什么办法走？别说他们没有钱，就是有钱，他们也回不去。我期望你能给我一条船，我可以把这五六百口子都带回南京去。蒋介石听了，表示同意，拨民联号轮船，供冯玉祥专用。冯就派人印制船票送给需要帮助的朋友。唐亚伟当时已是冯玉祥将军莫逆之交的好友，且利他社尚未解散，冯玉祥还很需要他做很多具体繁杂的事务，先任他为副总干事，后来成为总干事。唐亚伟也因此携一家老小随民联轮去上海，在那里开始了他亟待开发与普及的速记事业。

登上甲板，望着徐徐渐远的重庆，唐亚伟默默许下一个更大的愿望：待再来重庆时，中文速记成为亚洲的伟大，不再是一句空话。一向低调的他，此时从心底唤出了那句“千古风流今在此，万里功名莫放休”，而立之年，踌躇满志。重庆，是不可以忘记的地方，它使一个22岁一无所有的青年，从一百块钱起家，到如今站在民联轮上，后面跟着几间中文速记学校和三千多学习速记的学生。往事翩翩，历历在目，尽管前面的任务艰难与困苦，但，有这八年的磨砺，他成熟了，他坚强了，像一棵长在山间的松树，不畏惧风寒与雨雪，把中文速记扎实地扩展开来。

这次航行同船不下500人，知名人士多多，如李济深、谭平山、徐悲鸿、侯外庐、吴组缃等等。

上船不久，唐亚伟即被冯玉祥将军请到他的舱里，布置他参与去做几件事情。民联轮自重庆到达南京预计需要八天，这期间成立暂时的利他服务处，要做的事情有：第一件事是在船上办一份报纸，名为《民联日报》，刊登航程情况、轮上轶事以及各项庆祝活动，等等；第二件事情是开展欢庆活动，如民主讲座、文艺晚会、音乐晚会、教授招待会、妇女招待会等等；第三件事情是慰问冯玉祥将军所属部下的遗孤。

冯玉祥将军为《民联日报》亲自写了创刊词：说

民联，道民联，民联果然如所愿。多少好朋友，共乘一条船，连连挥着手都说：四川再见，重庆再见！说不了的情怀，道不尽的依恋，一路江景皆大观。眼下一片绿水，岸上两排青山，还有名城和胜迹，过了一站又一站。抗战胜利今还都，应当欣跃又狂欢。为什么心头不轻松？为什么面上少笑颜？那是为了政局未开明，那是为了各地有内战，大家个个皆不安，何时和平能实现？时时都在祷告，刻刻都在挂念，同胞还须努力，为了实现那一天。

这些话语深深感染着船上的每一个人。将军的爱国思绪起伏，为日本投降而振奋，同时仍然忧国忧民，他期盼不要打内战，人民不再受苦难，祖国走向繁荣，拳拳赤子之心跃然纸上。与将军一样，要和平，不要内战，是船上每个人的心声。

在冯玉祥将军慷慨陈词后，船上沸腾了。徐悲鸿当场作画，引来无数围观者。著名舞蹈家戴爱莲女士表演了舞蹈《哑子背疯》，这是一段明清时期的古典舞蹈，精彩的表演博得上百人阵阵掌声……

民联轮上诸多搭船出川的各界精英，献出精彩的专长，以表达人们对八年抗日战争胜利的喜悦。在民联轮的船舱里，甲板上，挤满了人，因为人多就睡在船板上，连徐悲鸿因为拿到船票晚，同夫人廖静文女士也席地而卧。

唐亚伟在民联轮上忙碌着琐事。受冯玉祥之托，他看望了一些得将军所助才搭船出川的人后，又与冯将军连连几夜长谈，将军对于内战的忧虑，对于蒋介石独裁的忧虑，也感染着他。

历经万县、三峡、宜昌、武汉、九江、芜湖等地，每晚一码头住宿，八天后，于6月6日抵达南京。由于民联轮上以冯玉祥将军为首，名人众多，到达南京码头时受到近十万人的热烈欢迎，场面盛大，人们为抗日战争的胜利、为相逢而激动着。

第四章　花开花落终有时

更多的速记学校

到达南京后，唐亚伟决定去上海，继续开办中文速记学校。在离开南京前，他专程去了自己的母校桥头镇三育大学，要看看对他恩重如山的母校。在重庆时他听说 1937 年大批学生刚刚离开后，学校就遭到日本人无情的践踏，现在，他想去看看，看看那曾经美丽的令人不忍离去的校园，而今会是什么样子。到达后举目望去，还是让他吃了一惊，这里已经是一片荒芜的废墟。数十栋整齐的校舍，连一片砖瓦也荡然无存，在日军的杀伐之后，又被歹人多次洗劫。留下的只有远处几座坟头，孤寂地等着他的到来——这是 1938 年 3 月，被日军杀害的三育师生沉睡的地方。

眼前这样的残局，在过去的八年中，每天都有轰炸的重庆比比皆是，光是亚伟速记学校就遭受过多次日军空袭，被炸后的惨状唐亚伟并不陌生。但，面对曾经给予过他四年美好时光的三育，唐亚伟用力把眼泪压了下去。他久久屹立在西山的山顶上，这里曾经是百花丛中的主教学大楼，还有绿茵中的图书馆，那钟声、歌声、笑语声、鸟儿鸣唱声，都去了哪里？眼前只是杂乱的碎石断瓦。像我们的国家一样，连千疮百孔的遗迹都没有留下，赤裸裸地荒成一片空白。心，被狠狠地揪起，迎着风，唐亚伟难过得不忍再回忆再停留，他一步一步往山下走去，脚步重得抬不起来。此时，他心里一遍遍地想：一个民族如果不强盛，就决定了它的命运。三十几栋楼宇和工厂、农场，被日本鬼子的杀戮和歹徒的抢掠毁于瞬间。在强盗面前，文明的历史与优雅的环境，脆弱得简直不堪一击。

如今的唐亚伟已经整 31 岁。八年抗战时光，把一个毛头青年磨砺成而立之年的男子汉，面对这个曾经给予了他文化知识的地方，怀念之余，又有了太多当年不曾有的思考。“不是一代人了。”他喃喃自语。唐亚伟在战乱中成熟了。他无声地来了，无声地回忆与沉思，然后便无声地离去。桥头镇三育母校的残迹，将永远铭刻在他心里。

一个月后，上海亚伟中文速记学校在欧阳路 30 号开课了。抗战胜利了，中国百废待兴，人们生活贫困的程度可想而知，唐亚伟同样陷入了极度拮据中。贫困并不可怕，只要国家和平，百业就有望兴盛。唐亚伟刻不容缓地把速记学校开办起来，也说明他企盼中国就此和平安定。凑了点钱租下两间教室，函授速记课程就快速开张了。1947 年的一则招生广告中有这样一项："为便利远方及业余人士，特设函授部，科学方法，通讯教育，保证与面授同样成功。扩大招生期间学费免收，并在全国通都大邑，设立通讯处指导学习。"这词语似乎大有只要你愿意学习速记，一切都不用担心之意向。事实的确如唐亚伟设想的那样，免费招生果然引来很多学习者，他们中绝大部分是贫寒子弟。评价这些学习者的学习结果，最低程度是他们了解了在中国有一种快速记录语言的方法，叫速记。唐亚伟认为即便不挣钱也很值得。但，唐亚伟的经济状况却不容乐观，入不敷出始终困扰着他。从广告上看，这样办学是不太可能有盈利的，没有盈利又坚持这么多年，手头拮据是必然的。

上海的速记学校开办不久的一天，来了几个不三不四的人，说要收缴这方地盘的保护费。学校值班教师问，你们是什么部门的？话声未落，就被扇了个嘴巴。他看来者气势汹汹，好在数目还不算多，只得战战兢兢递了过去。不想没有几天这几个人又来了，说还有另外什么什么要收钱，不给就在学校里乱窜，搅得无法正常工作。唐亚伟明白了，这是上海滩的青红帮的小喽啰来了，地地道道的地痞流氓。如此下去，学校还可以生存么？

唐亚伟面对上海的这些帮派打手，实在无计可施，几次三番后，扰乱学校学习环境不说，用给钱的法子来解决是没个尽头的。无奈之下，他去找冯玉祥了。冯将军听了，哈哈地笑着说，日本人走了，换成小瘪三来欺负人。当即派了人，在亚伟速记学校大门上钉了个牌子，上书“军事重地”，下款是冯玉祥。从此，学校安宁无事，再无人骚扰。这是冯玉祥将军最后一次帮助唐亚伟。这样的帮助在重庆时有过很多次，如果不是将军真诚地扶持中文速记，唐亚伟的办学之路不会有较快地发展。唐亚伟把对将军的感激深深埋在心底，此时将军正面临着出国的抉择中，他真希望正直的将军不要离开祖国。事违人愿，蒋介石唯恐冯玉祥将军东山再起，成为他的后患，一直敦促将军尽快出国。

1946 年 9 月，冯玉祥将军夫妇携女儿冯理达、英文秘书汪衡等一行八人赴美。这一去，竟成与将军的永别。1947 年 11 月 15 日，身在美国的冯玉祥将军发表了著名的《我为什么与蒋介石决裂？》一文，称“蒋政权是所有中国坏政府的顶点，无论多少外国金钱也不能挽救他的垮台”，并奔波于美国各地方，强烈反对美国大力支援蒋政府，延续中国的内战。

此时，正如冯将军所呼喊的那样，中国人民热切地向往和平安定，以使社会能迅速繁荣起来。抱着美好的愿望，唐亚伟当然不满足于这两间小小的租赁屋校舍，计划着扩大规模，招收速记在校专修学生，只有口传心授，才会培养出优秀的专业速记人才。

1947 年，他接受了上海国立复旦大学新闻系速记学副教授、国立暨南大学民治新闻专科学校速记学教授的聘请，开始活跃在速记教学的舞台上。唐亚伟终于开始按英文速记大师葛锐格博士的方法，把速记的普及发展到了学校的课程里面。这使得一个人，从做学生时就会使用速记。他苦苦地告诉人们：“以后若从事的工作须要应付繁多的文件信件往来，集会与座谈及讲演的记录，或者在司法部门工作的法庭审问，或者在新闻部门工作的记者面对有闻必录，等等，速记都是最好的工具。至于学生学习速记，于礼堂听讲，课堂笔记，速记也是最好的记录方法。”

为了普及更多的人，他力求讲课形式活泼生动，用幽默与欢笑吸引着学生的学习兴趣。一次在复旦讲课，临要下课，他在黑板上开出必备的工具，如“铅笔数支，笔套数个，铅笔刀，笔记本几个”。他一一风趣地解释这些的用处，最后一项他写了“橡皮”，大家也正儿八经地写下橡皮，等着写数量，谁知，他写下“切不可买”。这一笔把大家笑得前仰后合。之后，他解释，速记上是不可以使用橡皮的，因为速记要忠于现场语言的真实性，记录下来的语言不可以复制，不可以修改，错了的地方只能快速用笔画上一道，这是速记的常规。

听课的学生越来越多了，有的是被欢笑声吸引来的，有的是对这门新兴课程好奇来的，无论是什么原因，有这么多人来听速记课，唐亚伟便异常兴奋。在陌生人眼里，速记这门课程是拘板的，却被他妙趣横生的讲述变得相当活泼，听课人数与日俱增。他学习葛氏的普及速记的方法，似乎走上了顺畅的路途。

唐亚伟的这些计划无疑是美好的，此间最需要的就是和平与安静的空间了。

1947 年 5 月，唐亚伟为了实现那美好的计划，使足了劲筹集钱款，购置了上海迪化路（今乌鲁木齐路）398 号，速记学校终于正式落成了。像重庆的鱼洞溪速记学校一样，除开设函授部外，又开设了在校专修学生。不久，学生发展至近万人，教职工十几人。

1947 年 4 月，上海成立“中华速记学会”，由曾任外交部部长的王宠惠任名誉会长，唐亚伟任会长。1947 年 12 月 11 日，按当时的章法，一种行业必须在首都设有机构。由于唐亚伟身在上海，且又兼几所学校的速记课程，最重要的是亚伟速记学校现有学生万人，他不愿发生丝毫纰漏，因此他是分不得身的。于是，在南京成立的“中华速记学社”，曾任国民党“二大”速记科长的梁寒操任会长，徐飘萍任副会长。在成立大会上，蒋介石颁训词：“速记之学，肇自欧美，斯其为技，藏显于微，记事记言，信而可徵，助益学术思想之传播，有裨语文体系之改进，洵为近代文学一大演化。”

学社在南京开设速记训练班，分张才班、炳勋班、汪怡班、邦永班，张贴广告招生仅两天200名额即满。由居正修、周玉昆、萧仲泉、朱俊臣任教。与此同时，亚伟速记学校南京分校开学。该校五种不同方式同时教学，开创多种速记教育同时并进的先例，表现了各式速记的团结。

中华速记学社准备研究一种集各式速记优点的新方式，定名“中华速记”。速记训练班第一期尚未结束，解放战争迫近南京，只能宣告结束。集各式速记优点的一个新方式，是很实际的主张，但，纵观中国速记，社团最早成立于1918年，虽然起了一些作用，终究因各派式在努力与坚持方面、宣传与推广方面的诸多原因，使得近百年来中文速记的进步与发展效绩甚微。唐亚伟深深感到了中文速记这方面的缺憾，鉴于亚伟速记也属

“各式”中的一种，至于谁长与谁短，他无意去搏杀，他只想坚持与推广，同时自己再综合各式之长，不断完善亚伟速记学。至于谁是最优秀的中文速记，要时间来证明，要历史去考验。在改进亚伟速记的过程中，他的观点与美国大百科全书第24卷中关于“速记”改进的描述非常一致，“因这些改进倾向于使设计方案设计得更为精密，以致初学者的学习更加困难”，所以皮特曼速记多次改进后，“已经变得难学了”。提高速记速度与易学易懂，是很难解决的矛盾，但普及与应用又必须解决这个矛盾。自己要搞出的最具科学的中文速记方案，就是两者必须可以兼顾。要下大功夫把这座理想中的大厦建立起来，无论多么艰难也不能动摇。

1947年底，唐亚伟与三育老同学丁星五合办了一份名为《中国生活》的画报，唐亚伟生来热爱美术艺术，丁星五热爱出版，两人合作十分顺畅，销路也算很好。这算是唐亚伟的副业，全是利用业余时间进行，随即把所得报酬拿到速记学校贴补办学资金。速记学校分校在各地纷纷开办，边远地区也开发函授，学生总数已经过万人，一切正朝着唐亚伟设定的目标前进。

2009年，复旦大学北京校友会编辑出版的《学术之星》的前言中，对首次入选的27位复旦学子如是评价：“这27位复旦学子堪称科技界的精英，社科界的翘楚。

在他们身上具有‘无论世事如何瞬息万变，人们如何浮躁地追波逐浪，他们都能保持卓然独处的定力；对新思想，新事物，他们仍拥有强烈的好奇心和自由探索的旺盛进取心。’本书揭示了这些复旦学子报效国家的高尚情怀。”唐亚伟与吴敬琏、周有光等人在这首选版 27 人之中。60 年的光阴中，他们历经寒冬与盛夏，喜悦与伤痛，“保持卓然独处的定力”，是这 27 位精英超出常人的特殊品质。

“反美扶日”运动签名

1947 年，唐亚伟参加了著名的“反美扶日”运动。这是以九三学社为主体发起的爱国运动。此时日本宣布战败仅仅两年，美国为了制约东亚地区，开始对日本进行经济与军事方面的扶持，这对于刚刚饱受日本侵略之苦的中国人来说是万分不安，于是在知识分子范围内，发起了著名的反对美国扶持日本的爱国运动，要求国民党政府对美国提出抗议。

这些爱国知识分子们，自 1947 年至 1949 年共在报刊发表了几十封公开信，敦促国民党政府必须对美国提出严正抗议，以制止历史重演。而国民党政府忙于内战，需要美国大力的支持，对这场民主运动徐徐渐进地施行镇压。

作为九三学社成员，唐亚伟加入了这旷日持久的运动，其中很重要的一部分原因来自冯玉祥将军和九三学社创始人之一的孟宪章对他的影响。在冯将军出国考察前夕，唐亚伟仍时常参与他们的会谈，常谈这令人担忧的事。鉴于此时蒋介石急于要把他支派出国，冯将军面临着重大抉择。后来不得不决定将计就计，同意赴美考察水利。冯玉祥将军出国后，“反美扶日”运动继续进行。参与者有老朋友刘定五、孟宪章、谭平山夫人孙荪荃等人，也有老同学丁星五等人。

在不太关注政治的唐亚伟看来，反对美国扶持日本是爱国行动，关系到中华民族的存亡。桥头镇的三育大学离南京近在咫尺，历史上著名的南京大屠杀，日本侵略者的残暴行径唐亚伟铭记在心。再从历史上看，自甲午战争后，日本侵略中国的野心从来没有减弱过，只要有了足够的力量，是会卷土重来的。中国太需要和平，不能亡国于日本，限制日本快速恢复强盛，消灭日本军国主义的抬头，是每一个中国人应该做的事。

1947 年 7 月，九三学社理事孟宪章在《大公报》上发表《急管哀弦愈逼愈紧的日本问题》一文，揭露美国扶植日本的活动。九三学社常务理事褚辅成看后，深有同感，认为美国扶日是中国的最大隐忧，力主以反扶日作为九三学社上海分社的主要工作课题。褚辅成于是召集孙荪荃、笪移今、吴藻溪、孟宪章等九三学社成员，并邀请各方面民主进步人士，在上海市北京东路第二区缫丝同业公会，成立“对日问题座谈会”，表示今后要经常研究日本问题，并将座谈结果随时公之于社会。1947 年 8 月 3 日，参加“对日问题座谈会”的成员在《大公报》上共同发表了第一个对日文件《我们关于对日问题的意见》。文件除了主要揭露美国在经济上扶助日本外，还希望全国人民“提高警觉，加强研究，团结御侮，发奋图强”，使抗战成果不致付诸东流。签名者有褚辅成、孟宪章、笪移今、吴藻溪、孙荪荃、王造时等 15 人。

在同年 9 月 1 日发表的《我们关于对日和约的主张》一文，唐亚伟以教育界人士加入了签字的行列。他们是：褚辅成、刘定五、孟宪章、李维诚、李时父、李立侠、储应时、方秋苇、李世璋、笪移今、姜庆湘、唐亚伟、焦敏之、寇松如、丁星五、吴藻溪、柴春林、孙荪荃。

1948 年 2 月 13 日，题为《论美国助日复兴》的文章在大公报发表：“在独占对日本管制大权的美国政府与盟军的庇护下，投降刚刚两年的日本法西斯军国主义，又迅速地站起来了！这是有关我整个民族生死存亡的大问题，我们不能不提高警觉，予以严密的注意。……请检讨两年来的事实发展，便知我们不是杞人忧天，危辞耸听，请解释如下问题，不取消天皇制，对日本甲级战犯，迄今两年未办一个，且不断释放出狱，保持日本战时飞机场、防空洞与地下工场，保持日本为远东第一大八幡制铁所，并拟把日本钢产量提高到年生产五百五十万吨，将警察扩充到十二万五千名，并拨交舰艇二十八艘，将日本神风队飞行员运到美国训练，对赔款问题，……”

同年 4 月 1 日，题为《针对美国积极助日中国应有的政策》的文章写道："日本对中国近半世纪的野蛮侵略，是中国人民远远不能忘记的仇恨，经过我们八年的壮烈抗战，兼赖诸盟邦的戮力同心，虽已迫使日寇屈膝，但中华民族惨重无比的牺牲，迄今尚未得到应有的补偿。不幸的是，狡猾阴险的日本军国主义余孽，利用国际特别是苏美间的矛盾与中国的战事，一面力谋保存军事的经济的与精神的武装，一面企图挑拨美苏战争，以便卷土重来，为祸东亚。"①

如今，"反美扶日"运动已然过去近 70 年了，我们回顾这些主张，依旧证明不是杞人忧天。难道不是吗，

① 孟宪章：《中国反美扶日运动斗争史》，中华书局，1951 年出版。

日本不承认侵华的滔天罪行依旧，强占钓鱼岛以扩大领海依旧，美国扶持日本以牵制中国依旧。

以上这些公开信，在1947年至1949年的各个不同时期发表，签名者包含了文化、文艺、教育、传媒各界人士：马寅初、巴金、臧克家、俞平伯、吴晗、费孝通、许广平、胡厥文、许德珩、孟宪章、吴藻溪、张西曼、刘定五、孙荪荃、唐亚伟，等等。最多一次签名人为282名，声势浩大，给当政的国民党制造了不小的麻烦。这引得国民党极为不满。不满的原因众多，最简单的一个便是：如果给予支持就得罪了美国政府。当时内战正酣，在打败了日本人后，国共两党开始了殊死的对战，全中国人民依旧是民不聊生。大米自九十元一斤暴涨到几百元，物资极度匮乏。反饥饿、反内战、要和平的人们，再次走上街头游行，人们对国民党政府失去了信心。

至1948年底，“反美扶日”运动愈演愈烈，国民党政府认为这是共产党幕后支持所致，按捺不住开始抓人了。“反美扶日”运动的主要发起者为九三学社，孟宪章是发起人之一。九三学社初期成立于1946年的重庆。在中国共产党的抗日民族统一政策的影响和感召下，国统区的抗日民主运动风起云涌，在这历史的危急关头，中共代表林伯渠代表中共中央适时地在重庆国民参政会上提出了“立即结束国民党一党专政，成立民主联合政府”的主张，得到社会各阶层人民的热烈响应。于1945年9月3日以纪念日本签字投降正式生效的日子命名，1946年5月九三学社在重庆成立。

九三学社同中国共产党关系密切、亲密合作不是偶然的。九三学社许多创始人在九三学社之前，就同中国共产党人有着久远和密切的关系，如许德珩、梁希、潘菽等人。刘定五、孟宪章与共产党也有着非同一般的关系，他们以国民党元老身份，多次掩护中国共产党的地下工作者，并暗中支持共产党所倡导的政治运动。

刘定五与孟宪章两位先生与唐亚伟有亲密往来，当得知刘孟的政治立场是倾向中国共产党时，唐亚伟并无太大惊讶。朋友了近十年，这也不得不让唐亚伟眼前一亮，其他共产党人他是没有正式接触过的，刘孟两位品德端正与心地真诚，早年都是追随孙中山先生，成为国民党元老一级，后跟随冯玉祥将军，为抗日战争胜利、为中国走向民主自由不懈地奋斗，这些是唐亚伟深深敬佩的。

到此时，唐亚伟心里涌起了一股感激。自己虽然早期就参加了九三学社，但一心忙于速记学校，担心参与政治过多会影响中文速记的发展，为此，他不由得感激刘孟这么多年对自己不参与政治的善待与理解，依然把自己看成无论是精神上还是事业上的忠实好友，这正是具有真正的民主精神所致。饱受战乱之苦的他，深深感到自己的速记事业太需要和平的日子了，全中国人民太需要和平的日子了。当他看过孟宪章拿来的公开信后，没有犹豫，立即签上了自己的名字。从1947年至1949年，“反美扶日”运动的公开信，几乎都有唐亚伟的名字，这也许是引起国民党当局注意、决定抓捕他的原因。

一天傍晚，唐亚伟从外面回来，脚刚跨进门，神色慌张的母亲一把将他拽进了里屋，伏在他耳上说：“阿姨（她的教会姐妹）的儿子，见到了要抓人的名单，里面有你啊，……你快，快出去躲吧，快，快啊，一会抓人的就来了……”

母亲说的这个人在警备司令部里面做秘书，既然是他说的，唐亚伟感觉事情确实很严重，看到母亲语无伦次地慌乱成这样子，唐亚伟心里好不忍，忙轻声说：“不怕，不怕，我这就走。我先找个地方，再来接你们。”

母亲跺着一双小脚，连连说：“我们没有上名单，抓我们什么，你快走。”到了这个时候，还如此有主心骨的母亲，却也是一边往外推他一边抹着眼泪。唐亚伟只得赶紧出了家门。先钻进一个黑暗处，静下心，想了想，自己现在一是不能去找签了名的人，也不能到生活平常的朋友那里去，去了会给人家平添恐慌。那么，去哪里呢？脑海里，他把在上海认识的所有人像过筛子一样过了一遍，最后锁定了一个人——三育大学的同学王兰英。王的丈夫当时正经营着“三五”钟表，是位纯粹的商人，这夫妇与政治毫无干系。趁着天黑，他敲开了王兰英的家门。正如预料中的，他受到了热情的接待。作为暂时躲避，是没有问题了，可这绝不是长久之计。若因此给这家人带来一点危险，对于唐亚伟来说都会抱憾终身。

第二天，他设法联系上刘定五。刘安排了一个旧地下仓库，让唐氏一家先躲避起来。于是，就在这个黑乎乎的地下仓库里，一家人落了脚。一家老小刚刚离开家，几个便衣就到了，翻箱倒柜后，贴了封条。家被抄封了，看来在这个地库得要待上一阵子。唐亚伟看看惊慌不定的母亲，看看妻子一手抱着女儿一手牵着儿子，他愧疚了，把一家人弄到如此地步，这是他万万没有想到的。也许因为这次的抓捕，加之看久了政府官员的腐败与无耻，腻烦与厌恶之极，到此唐亚伟把国民党从心里彻底扔了出去，他对这个旧的政府、旧的独裁制度彻底绝望了。几天后刘定五先生找到了唐亚伟，安排他尽快离开上海搭船去香港。并且告诉他自己在香港的住址，说待把其他几个人安排好，也会立刻赴港，到时在香港见面。

唐亚伟这个从十几岁就专心致志搞速记研究的人，对政治是陌生的，也是不感兴趣的。他属于五四以后成长起来的知识分子，鲜明地显示着那一时期这个群体的共性，即：建立民主的社会，有自由的身心，以便他们在自己所研究的那个领域发挥得淋漓尽致，完成自己的使命，这是他们主要的精神追求。

逃亡的日子

那是一条旧货轮，在黑漆漆的夜里，船舱里不知挤了多少人。唐亚伟只身坐在一摞子书上，是一百本《亚伟中文速记学教材》。又是一次逃亡。不同的是船上大都是因被自己政府缉拿而逃离家园的人，更不同的是，这次走得离家更远了。

时值 1949 年 4 月。黑沉沉的海上，夜里的风还有些凉意。

离开家的时候，母亲问，到了那边怎么生活，他笑着和母亲说，不怕，有这些教材就不怕。母亲似乎是稍许放了点心，她知道，儿子靠着这个本事，就是再困难，饭总会有的。唐亚伟就这样带着对母亲的愧疚，对妻儿的眷恋，提着一摞子《教材》，揣着20块钱，踏上了香港这块土地。

在刘定五家落下脚后，他立刻去了清水湾的三育书院。没想到的是，校长是当年桥头镇三育教过他的老师葛立德（T. S. Geraty）。葛立德热情地接待了他，他们徐徐而谈了很长时间。葛立德告诉他老校长刘彭年也在香港，任职于联合国教育机构。唐亚伟曾经给刘彭年校长做书记员三年多，主要记录校长那时的会议讲话，也是从那个时期开始对中文速记发生兴趣并投入研究的，那时得到过校长诸多帮助。几天以后，他去拜访了刘彭年校长。不知有多少话要说，往事历历在目，20岁时的唐亚伟踌躇满志，信心满满，只梦想着自己这一生要做成的这一件大事，从未想这条路上还会有荆棘与坎坷。经历过战乱与家园重建，十三年过去了，老校长看到唐亚伟的脸上有了沧桑与忧伤，不禁微微笑了。

唐亚伟在香港时期，要选择一个轻松的工作是有机会的，如刘彭年老校长和当时任香港三育校长的葛立德，是可以帮忙的，他都婉言谢绝了。丝毫不用犹豫，他要在这里办速记学校，于是马不停蹄地忙碌了起来。凭着从上海随身带来的一百本《亚伟速记教材》，与当年在重庆南岸小茅草屋里创业一样：写招生简章，介绍学习方法，张贴，发放，回复信件，解答问题，还是一个人包揽。渐渐地，学生由几个发展成几十个，再发展成几百个。轻车熟路了，唐亚伟又是日夜不停地干着，心沉浸在苦与甜的回味中。夜深了，推开窗子，吹来一阵风，向北方望去，逃亡他乡的悲凉与手中又在开拓着的一片领地，不禁令他回肠荡气。“我那时候到香港去，只带了二十几块钱、一百本书，就生存下来了。到了香港，我在《大公报》登函授广告，一百本书一下就用完了，然后赶快翻印，又印一百本。所以亚伟速记又出名了。我的学生确实多，我不收学费，就是邮费讲义费，几块钱，就是这样来普及。”这是他在回忆时说的话。

无论酸甜苦辣，十年的中文速记，由唐亚伟亲自栽种的小树苗，到底长成了大树，可以替他遮风避雨了。虽然收入甚微，但吃饭钱还是有的。创办学校主要的深刻意义在于香港有了速记学校，又多了一个传播中文速记的地方。

速记学校逐步走上正轨。唐亚伟从刘定五先生家搬了出来，租了一间不大的房子，当作校舍和宿舍。白天工作，晚上有时与朋友们见面聊天。身在香港，他的心还在上海，还在大陆。他时刻探听着来自各方面的消息。一天，唐亚伟收到葛立德牧师的邀请，请他到家里吃饭。简单的菜饭吃了两个多小时，其间葛牧师正式向唐亚伟发出邀请：在自己一年的任期满后，希望唐亚伟能和自己一起回美国。葛校长真诚地说，到了美国唐亚伟可以到三育的学校教学，可以教授美术，也可以继续传播速记。他认为这样的选择，于唐亚伟的前途是明朗的。看到唐亚伟不语，葛立德说，你可以回去再考虑，我还有一年任期，时间还长呢。

回到住处，唐亚伟久久难以入眠。茫茫夜空，星光闪闪，葛校长的一番话，不知为什么反而引起了他对家的思念，对家乡、对那里他熟悉的人和物无尽的思念。蝴蝶不传千里梦，子规叫断三更月。

要回到讲汉语的地方

刘定五先生在几天后突然来到唐亚伟速记学校的小屋，看到屋子只有唐亚伟一个人，压低声音说，消息来了，办法是租外籍的船，先到天津（此时天津已经解放），再回北平。唐亚伟离开家快半年了，听了刘先生的话，顿时心怦怦跳起来，忙问："请问回国的人里面有我吗？"刘先生立刻说："当然有你。"

唐亚伟天生喜爱的美术绘画，依旧牵动着他的每一根神经。18 岁时，在汉口王家墩教堂，他用油画的方式画了一幅巨大的壁画《耶稣再来》，因受米开朗基罗的影响，画面上充显着力与生命，不少中外人士见了，无不惊叹。1937 年唐亚伟曾经主持一次南京画展，参展的画大都出自他之手，画作被一一买走，可谓成功。抗战前夕有一段日子，唐亚伟常化名在京沪小报纸上发表漫画，一块钱一张，赚得生活零用。以致后来他临摹徐悲鸿的奔马，足可以假乱真。因为选择了中文速记为己任，便把这生来的最爱放弃了。而今如果去美国，重拾这最爱会很顺畅，或深造，或教授，这前景，怎能不在唐亚伟的脑子里过过呢。

但，也只是过过而已。中文速记大厦连根基还没有打好，绝对不放弃。中文速记要发展要普及，难道不需要立身在使用汉语最多、书写汉字最多的地方吗？战乱的八年苦不堪言，而今，内战接踵而来，动荡不宁的局势，上海的速记学校已经不得不停顿，妻离子散，唐亚伟实在不想再如此飘荡，安定对他来说实在是太重要了。

对新政府的建立，当时的很多具有民主自由思想的知识分子报以了热切的希望。国民党政府的黑暗、腐败、内讧斗争让他们感到已经不可救治，坏到了无药可医的地步。不会有更坏的了。唐亚伟和其他知识分子的想法是一致的，即：速记是一门专业，相信只要踏踏实实干自己的专业，就不会有问题。毕竟，他的生命只有 34 年，近 20 年的时间都关心了速记，至于政治，因为那不是他的主题，也就没有深刻的理解与经验，更谈不上顾忌。

决定了以后，1949 年 7 月在给妻子戴志贞的信中，唐亚伟写道：“我决心已定，想来你也是同意的。我们也许是要在北方生活一个时间，做这样的准备为好。速记在北方是比较空的，何况北京是首都，可做的事情就很多了。这个事在我是不能停的，我一生就如那句话，吃的是草，挤出来的是奶。”因为此时中国的北方已经解放，从信中可以看出，唐亚伟决定奔赴新中国的核心地方。

接着他与葛立德校长道别，并深谢了校长邀请赴美的厚谊。香港的亚伟速记学校转交给老同学丁星五管理，知道这位是能够把学校坚持下去最可靠的人。

随之，大批进步知识分子为了回到新中国，开始了一批批地北上。自 1949 年 1 月至 8 月，共租用外国船只组织北上多达十几次，350 名爱国民主人士回到了新中国。这是中国近代历史上较为著名的“北上”。中国共产党成功地将大批向往民主自由的著名知识分子召唤回来，回到他们挚爱的这片土地上。唐亚伟坚定地走进了这支具有强烈爱国意识人群组成的队伍中。由于他们的回归，1949 年 10 月 1 日新政权在天安门城楼上宣布的“新中国成立了”，显得更为雄壮有力。

8 月下旬，在刘定五的安排下，唐亚伟乘坐一艘意大利籍轮船，经台湾海峡，历时近十天，于 9 月 3 日抵达天津港。同行的有叶焉义、胡子昂等人。

事隔多年后唐亚伟才知道，策划大批民主爱国知识分子回国，参与新政权的建立与建设，是由统战部组织的，刘定五先生是参与人之一。刘先生后来受周恩来委托，重返香港，以国民党元老德高望重的身份，对台湾继续进行统战工作。

1949 年 5 月 24 日上海解放，已经因他逃亡香港而停顿的上海速记学校获得新生。代理董事长孟宪章向上海市军管会办理学校登记手续，立即得到批准。7 月，杭州亚伟速记学校（陈新主持）、南京亚伟速记学校（伍天峙主持）先后成立。9 月，在董事长刘定五的协助下，北京亚伟速记学校在京畿道 3 号成立。

唐亚伟回到了他的祖国，这是讲汉语的地方，这是中文速记可以生根开花结果之地。他怀着一颗知识分子向往民主自由的心，对新中国、新政府、新纲领，充满了好奇，并寄予了美好的期盼与诚挚的热情。

第五章　此情绵绵无绝期（1949—1955）

北方的阳光

唐亚伟来到了北京，生平第一次踏上北方的土地，这里的一切都是陌生的。在刘定五先生的热情邀请下，他住进了位于北京西城区京畿道3号刘先生家中。

对绘画艺术的热爱，他无论何时何地都不会有丝毫减退，落下脚的第二天便去了故宫。当他站在太和殿前的瞬间，似乎被一种前所未有的宏伟气势笼罩，金碧辉煌，雄伟壮丽，令他震撼之极。

从故宫后门出来，顺着宫墙缓缓地漫步到了北海，此时，唐亚伟还沉浸在那不可名状的激动中。恰这时，胡同里传来像唱鼓书一样的叫卖吆喝声，他分辨不出到底叫卖的是什么，却是那样悠扬悦耳，下了山的太阳还为蓝蓝的天空绽放出一抹彩霞，一种浓浓的古典韵味显得神秘而轻松。这就是北京。生于南方长于南方的唐亚伟，沉醉在此情此景中。一阵风轻轻扫来，柳树枝叶轻摇，四周弥漫着厚重的文化气息。34 岁的唐亚伟流连于这几千年来中国士大夫用心滋养的文化古都。他边品味边漫想，如果自己十年前到此，未必能有这番感慨。猛然间，又想到了中文速记。北京，北京才是最佳的发扬地啊。这么想着，心里不禁荡起一阵欢愉。

很快，北京亚伟中文速记学校开学了，由刘定五先生任董事长，唐亚伟主持。学校设在京畿道 3 号，这是刘定五先生家的另一个院落，办学的方式与方法都按部就班进行，并在《光明日报》刊登招生广告。从招生情况看出，真不愧是首都，又是百废待兴的时候，学生报名学习的热情十分高涨。自冯玉祥将军之后，刘定五先生成了亚伟速记教育的坚强后盾。

刘先生在 1949 年的前后，公开了为中国共产党工作的身份。他一直以来为新中国的建立奔忙在统一战线上，并当选为全国政协委员。他认为年轻的唐亚伟虽然不着意政治，却能因追随他而参加了反美扶日运动，因此受到国民党的追杀，他认定这青年是正直可信且爱国的。唐亚伟致力于发展中文速记事业，刘先生与冯将军一样，是高度赞赏并且大力支持的。新政府的全国政协委员刘定五先生任亚伟速记学校董事长，学校的生存问题就好解决了。这个支持，持续到 1963 年刘先生去世。

在刘定五先生的指点和引荐下，唐亚伟与时任政务院秘书长的林伯渠见面了，必须要说这是相当正确、相当重要的一步。当时，刘先生用手拍着唐亚伟的肩膀对林伯渠说道："这是我的生死朋友，不但非常爱国，而且很有能力，希望给他安排一个适当的工作。"林伯渠打量了一下这个 30 多岁举止斯文、满面谦虚的年轻人，笑着问："那很好啊，新中国成立后正需要大量的人才，既然原来是搞教育的，就到教委工作好不好？"听了林伯渠的这话，唐亚伟低头沉思片刻后，说："我以前只一心搞中文速记教育，对于政治方面，了解不多，恐怕即刻工作起来经验不足，我想先学习一下马列主义吧。"

去教委当干部，唐亚伟深深感觉这不是儿戏，必须承认自己是不懂政治的，尤其对新政权的执政理念更是不知一二，如何去当官？在重庆时节，冯玉祥将军周围当官的朋友甚多，不知多少人邀请他去政府部门工作，唐亚伟都一一谢绝了。对于当官，他毫无兴趣。因为割舍不下中文速记。除了速记，其他事情对于他来说都毫无意义。来到北京还没有两个月，他已经感觉到这里社会气氛与重庆、上海时期完全不同了。对此，唐亚伟由于陌生而心中平添了些许不安。他必须了解和掌握共产党的政策和理论，不然，何以稳定安身，何以继续发展中文速记，何以让中文速记为新中国添砖加瓦。

林伯渠听了唐亚伟的要求，倒是显得非常高兴。林高兴是有理由的，他也许认为这个旧时期过来的知识分子，的确有努力服务于新中国的决心。随即，他安排唐亚伟去华北人民革命大学（简称“革大”）的政治研究班，参加了这个当时最著名的、为知识分子改造思想而设立的政治大学学习。

这所大学之所以有名，其一是它成立于 1949 年 2 月，是专门提供学习共产主义马列思想而建立的。其二是参加学习的学生十分显眼，例如，可与高尔基齐名的中国文学家沈从文先生。唐亚伟与沈从文在这里大致是一期的同学。

华北人民革命大学，位于北京的西苑，由一所旧兵营改建而成。1949 年成立后，学生达上万人。校长刘澜涛。课程设立为马列主义基本理论、中国革命基本问题、当前各种政策、共产党的建设及其历史等四大部分。此外，还配合着当下的政治形势的学习，先后有诸多重要人物到学校做过报告上过课，其中有朱德总司令的政治形势和学习问题（在天津分校讲），薄一波同志的政治形势，黄敬同志的人生观问题，安子文同志中国共产党党史，杨献珍同志的唯物史观，艾思奇同志的社会发展史，冯文彬、陆平同志的建团报告，还有马列学院许多同志的班联课，宋平同志的苏联青年团介绍，刘宁一同志的世界各国情况，和中国革命胜利对于世界的影响及郭沫若先生对苏联的介绍演讲等。[1] 学习这些课程，要使得来自不同领域的人们转变思想，以更好地为新中国服务。

学生们在思想上须对下面一些问题有深刻的感想：为人民服务的人生观，树立劳动创造世界的劳动观点，运用批评和自我批评这个武器，一切问题要从阶级分析上着眼的阶级观点，以及如何进行阶级斗争等。

这些世界观，唐亚伟有一些是基本不用转变就能接受的，比如为人民服务、批评与自我批评，经他细细咀嚼，他认为这与自己坚定不移的博爱和感恩观点，劳动改造世界与“三育”育人的手脑并行教育方针完全一致，于是，不仅仅是接受而且是非常赞同。但对于阶级分析，他便十分茫然了，再说到阶级斗争，他更有点不知所措。在他心里，与他人斗争是素来不曾想过的事情，只要凭着真诚博爱的态度去对待人和事，即便感悟不了对方，不去亲密往来也就是了，斗争终究是伤害人的事，何必要做这样的事呢。与他人针锋相对，水火不容，无论如何唐亚伟是做不到的。

---

①《人民日报》，1949-06-23、24 第 4 版。

这里，不妨把唐亚伟与顾执中的过往之事说说。必须重提的是他们在抗战时期的重庆就相识了，据唐亚伟与顾的相关记载，也说得上是熟稔，因为同是冯玉祥将军的朋友，也同是办教育的人。

顾执中在1987年出版的自传《报人生涯》里面提到他参加“反美扶日”运动时，这样写道：“1947年12月28日在上海《大公报》发表了《我们对召开对日和约预备会议的意见》，……，无中国参加对日和谈实属不可想象，要求国民政府态度坚定，重申我国正确立场前面，依据笔画签名有：褚辅成、顾执中、冯宾符、笪移今、曹孟君、孙孙荃、孙晓村、孙克斌、孙怀仁、许铸成、孟宪章、金学成、武剑西、姜庆湘、吴藻溪、李纯青、李世璋、王造时、丁星五等27人。”又说：“第三次发表《对美国积极助日复兴的抗议》，抗议书末具衔的有丁星五、王造时、孙孙荃、马寅初、许广平、孟宪章、张西曼、费孝通、萧乾、巴金……顾执中等282人。”

“反美扶日”运动肯定是爱国运动，它强烈地反对国民党政府发动内战，参加者在现实的中国能有怎样的深刻意义可想而知。在爱国运动中签名，的确是脸上有光的事，写自传于自己的所为取长补短也并非不君子，但唐亚伟却没有写过只言片语，来说明自己在这样光辉的运动中榜上有名。至2012年已经97岁高龄、奔波了近一个世纪的他，写下文章多多，除了速记，没有写过一篇关于自己的文章，也没有出过文集，更没有写过留给后人看的唐亚伟自传。或许是没有多余精力表白自己，或许以为自己没有什么值得写，以致笔者在写老先生时，时感艰难，历经一年时间，竟没有找到他对自己关于生活方面的点滴记载。

从那个历史时期过来的人都知道，这抗议运动较为著名，是文化界知名人士声势浩大的一次总行动，参加人数之多是空前的。而“反美扶日”运动的发起人之一，《中国反美扶日运动斗争史》一书的作者孟宪章先生，在书中清楚地记录了每次运动所发表文章的题目、时间及签字人，在签字人一栏中没有用一个“等”字，所以我们看到了每篇签字里面皆有唐亚伟的名字，后来上了国民党黑名单逃亡香港也因此所致。顾执中却把唐亚伟忽略掉了。而且他举的两次签名都单单没了唐亚伟，尤其第一篇的签名人，按孟宪章原著有52人，顾只写的27人中没有唐亚伟。依他们的交情，这真是不应该的。[①]

① 孟宪章：《反美扶日运动斗争史》，第21、35页，中华书局，1951年2月出版。

顾与唐到底因什么有了芥蒂，顾在他的书中没有提及，在谈到唐亚伟的速记事业时，他的《报人生涯》中这样写道："……还把自己的名字改为亚洲的伟大，……"显见，这不是用于朋友的言辞。且"亚伟"两个字的本意是鞭策自己创造出亚洲的伟大，也是年轻热血的唐亚伟一个立志报国的举措，这是朋友们皆知的，顾怎能不知呢。对于速记，顾是很熟悉的，在他的《报人生涯》中有这样的描述："我到母校去，发现戈颂仁先生在自学英文速记，他学的是葛腊格（葛锐格）式，是新的改良的，线条没有粗细，一切方法比较合理易记，而我学的是毕德曼（皮特曼）式，是陈旧的，线条有粗细，比较难写，难记而不合理。两相比较，我抛弃了以前学的，改学新的。"[①] 既然顾是最早研究葛氏速记的，比唐亚伟早了十几年，只是没有坚持下去，而唐亚伟几十年不变地坚持着，顾与唐亚伟交往几十年，怎么能不知道，唐亚伟也是以葛锐格式英文速记为蓝本，制造了亚伟中文速记方法。在顾回忆自己几十年历程的自传体书中，这略浓重的一笔竟然只字未提。而唐亚伟却有专门的撰文，对顾执中评价时这样说道："我国最

---

① 顾执中：《报人生涯》，第 117 页，江苏古籍出版社，1987 年出版。

早办函授速记教育的是顾执中先生，他在1923年就在上海开办‘执中速记函授学校’，教授他自己发明的顾式英文速记（Kotts Shorthand），又名《不难速记》。据我所知，中国人发明英文速记的，只有他一人。他现在已经80多岁，是北京市速记协会顾问，顾老也是新闻界的老前辈，他早年主持的民治新闻专科学校，是我国最早设置‘速记学’课程的一所学校，而且把速记列为必修课程之一。”这是唐亚伟20世纪90年代的话，如相熟多年的同事，事实上也是相熟多年的同事，曾经有过怎样的不愉快，唐亚伟这里也许根本没有认为是不愉快，且早已时过境迁，唐亚伟一如既往地给予顾高度的赞扬，他认为不坦诚与宽容地评价一个人，会给对方造成不良的影响，所以绝不可以信口开河，更不可以是是非非。但是，说唐亚伟此时没有看到或者不知道顾在书中如何写他，可能性近乎是零。对此他一定是报以一笑，也就不了了之了。

也由此可见，人与人要“斗争”，无论怎样学习，很难在唐亚伟身上见效。

在“革大”是必须要学习好这些新理念、新观点的。根据刘少奇对学校指示：“革大政治研究班已在党外人士中建立了一些信仰，拟继续扩大办下去，各地高级军政人员及知识分子愿来学习者，可以送来。”于是，很多旧政府留下的高级知识分子来到这里，接受“革大”政治学习，这在新旧政治体系交替时期来说，双方都是一种表态：一方是表示赞成新政权的政治主张，另一方则表示此人在政治上是否可以过关。

阿·托尔斯泰说，“在清水里泡三天，在血水里浴三次，在咸水里煮三次。我们就纯净得不能再纯净了”。

唐亚伟和所有的同学一样，捧着艾思奇的《大众哲学》反复学习。这书比较有名，自1936年出版以来影响了不知多少人。后来艾思奇自己改版多次，至1949年以后的修改版与初版相比，已经有了不同，添加了一些阶级与阶级斗争的学说。毛泽东推荐青年人读读这些深入浅出的哲学理论，据说蒋介石也曾提倡大家读读这本好懂的哲学书。为《大众哲学》写序的是李公朴。李公朴是唐亚伟重庆时期忘年朋友之一，也曾为推广亚伟速记尽过很多心，被国民党暗杀后，唐亚伟因为素来不喜暴力和斗争等行径，为之感到无限痛惜。所以，读读这本书，就唐亚伟来说，犹如重新了解李公朴一样，显得更为重要，读得也就更为认真了。虽然艾思奇在革命大学讲的是社会发展史，唐亚伟对他的尊敬丝毫没有减少。

其他前所未闻的新东西，如：毛泽东的《在延安文艺座谈会上的讲话》、刘少奇的《论共产党员的修养》、加里宁的《共产主义的教育》等革命学说，唐亚伟随着课程安排，也开始了系统学习。总之，在革命大学里的学习状况，唐亚伟是虚心而富激情的。尽管这中间不断被“洗脑”与“洗澡”，都没有太多干扰他的心绪。为了继续研究发展中文速记，需要了解马列主义，这是唐亚伟主动来学习的初衷。有这个前提就足够了。尽管如此，从生性不喜打斗，事事与人为善，到开始接受把人分为不同的阶级，阶级之间要有斗争，“革大”的环境和学习内容在他还是陌生而新奇的。不过，很快他便适应了。如沈从文先生说的，“尽快地使自己理解新中国”。学说归学说，天生本质简单、平和、谨慎、随遇而安，这些都是无法改变的。唐亚伟进入了纯粹的学习状态。

唐亚伟顺利完成马列主义和毛泽东思想理论为期十个月的学习。在毕业前夕，照例，根据学习多日的革命学说，唐亚伟进行了思想的自我解剖，自我反省，由此而作的《我的总结》顺利通过。

知识分子的思想改造，是新中国成立后一次大规模的运动。虽然这运动从新中国成立后就开始了，但是直到 1951 年秋，这场新政府领导下的，有组织有计划的全国性知识分子思想改造运动，才如火如荼地开展起来。同年 10 月，毛泽东在全国政协会议上指出，“思想改造，首先是各种知识分子的思想改造，是我国在各方面彻底实现民主改革和逐步实行工业化的重要条件之一”①。

新政权的领导者帮助旧知识分子建立新观念的本意，在唐亚伟这里基本达到了。“革大”的学习即将毕业，很快就面临分配工作。学校考察到唐服务于新中国的态度坚定，正考虑因是林伯渠介绍来的是否把他分配到政务院时，唐亚伟当即告诉校方领导，各地亚伟中文速记学校纷纷来信，要求他回学校主持工作，鉴于当前中文速记还应该下大功夫普及，需要自己做的事情非常之多，希望回到亚伟速记学校继续工作。在他表达了这个意愿后，学校即刻同意了。

能去政务院工作，是当时绝大部分人梦寐以求的事，一旦踏入政务院大门，平步青云，前途无量。此时唐亚伟仅仅 30 多岁，仕途的热闹与中文速记研究的枯燥，他心里很明白，但他却依旧要回归到中文速记去，功利，繁华，那不是他习惯的。从这一点看，唐亚伟要求学习马列主义，确是为了在新中国能更好地发展速记。

① 王蔚：《现代化视野中的当代中国运动研究》，第 177 页，中国社会科学出版社，2010 年 11 月出版。

回到亚伟速记学校后不久，唐亚伟又接到了通知，“革大”安排他去皖北农村，参加土地改革工作队。在革大毕业后参加土改，也是新政府对旧知识分子的一项改造措施：主要是要让旧知识分子看看在新政权下翻身农民对地主阶级的血泪声讨、农村展现出来的新气象，再看看农村阶级成分是如何划分的，看看新政权有能力把农村逐步地转化为集体合作社，而且能受到农民的热烈支持。

唐亚伟从心里愿意了解这些，以加快对新政权的认识。在参加新纲领的贯彻过程中，唐亚伟都给予了充分的认可与赞成：因为他还是看到了新气象，看到了广大贫苦百姓的生活得到了改善，尤其在农村，看到了分了土地喜洋洋的贫农。正如列宁所说：“千百万人是不会听从别人指使去进行革命的，只有在人民穷苦不堪，再也无法生存，千百万人的压力和决心可以粉碎一切旧的障碍并真正能够创造新的生活的时候，他们才会起来革命。”①

唐亚伟在那一时期，主动要求学习马列理论和思想改造的成果顺利通过，后来参加土改工作担任副组长，组长正是他崇拜的艾思奇先生，此间他以速记方式为土

---

①《列宁全集》，第 24 卷，人民出版社，1957 年出版。

改运动做了大量的记录，这些积极表现也同时让他获得了组织的认可。

1950 年 12 月 1 日，九三学社召开了建社以来第一次全国工作会议，之后又召开多次理事会议，至此，九三学社正式踏入新中国的征程。唐亚伟出席参加了这次会议，应该说参加这次会议的，基本是九三学社元老级别人物。根据九三学社社存资料中的《九三社讯》第 1 期记载，在这次会议上唐亚伟当选九三学社联络委员会委员。

九三学社 1950 年 12 月召开第一次全国工作会议。第二排左起第一人为唐亚伟。

由此，展现了唐亚伟在那个时期积极热情的态度。1958 年针对知识分子最为残酷的“反右派”运动，在没有了刘定五先生关怀的情况下，[①] 唐亚伟得以幸免，与上

① 刘定五先生 1949 年后任全国政协委员，于 1963 年逝世。

面这些“认可”不无关系。

苏北农村的土改一结束，唐亚伟即回到了北京亚伟中文速记学校。通过学习革命理论和参加土改，一个问题反复地在唐亚伟心中思索，即亚伟速记学校的命运何去何从。《人民日报》的社论反复提到“加快步伐实现共产主义”，唐亚伟隐约感到，农村的合作化，城市的工商企业国营化，政府推进的力量之强大是毋庸置疑的，这必然成为新中国发展的前景。但，亚伟中文速记学校属于私立，不具主流色彩，从总的社会形势看，不由得他忧心忡忡。三思之后，唐亚伟给北京市教育局写了一封信，要求将北京亚伟速记学校列入国立学校，也就是后来速记学校不懈进行的“献校”行动。不久，他收到了教育局的答复，告知他教育局没有这项计划安排。

无论人民政府在“百花齐放，百家争鸣”的大前提下，给予了中文速记多大的支持，这个拒绝，依旧在唐亚伟心头飘起了一片阴云。不能进入主流，中文速记会是什么前景呢，他不愿意再多想下去，因为自己实在无能为力。也只好狠下一颗心，就做自己能做的事吧，他很明白，把中文速记教育坚持下去，在如此浓重的政治氛围中，必须具备空前的坚韧意志和决心。一边下这样决心，一边继续进行“献校”，他盼望着也许有一天成功地把亚伟速记学校献给国家，使之带上“万无一失”的帽子，这样，他的心才能踏实。至于学校交给国家后，自己做一个速记教师之余，继续潜心研究速记发展，使速记更为科学与进步，他的心就很满足了。献校行动从未间断过，他始终坚信，速记学校只有成为国立学校，中文速记广泛普及的前面，才没有了障碍。

新中国旗帜下的亚伟速记学校

在新中国建国初期的五年，私立的亚伟中文速记学校还是得到了蓬勃发展。这当然要归于政府对唐亚伟个人的认可，虽然这“认可”是短暂的。唐亚伟是不浪费时间的人，新政府在那一阶段又给予了很好的支持，仅凭此，亚伟速记便有了可观的普及与发展。从亚伟速记史上看，这个时期显得甚为重要。

1950 年 1 月，因学生数量浩大，教务人员众多，校舍必须扩大，北京亚伟速记学校搬出了刘定五先生家，迁至西城砖塔胡同 17 号。刘定五先生为董事长，唐亚伟任校长。

在唐亚伟去“革大”政治学习期间，南京的伍天峙被调来学校任教务主任及专修班主任，以避免教学和招生等方面出意外。伍天峙自 1946 年在国民党立法院任速记书记员，后立法院撤离大陆时选择了留下来，依旧是以教授亚伟速记为职业，在南京开办亚伟速记学校。

北京的亚伟速记学校开始招收专修科，生源来自中央和地方党政机关、团体、部队、企业、学校保送的在职干部，共办了12期。伍在自传《富有历史意义的速记生活》中写道：“唐先生要我负责教务及专修班的主任，我们向各机关单位发简章招收第二届专修科，各部委选送四十多人参加学习。两个月后，我进行期中测试，班中成绩最好的韩珠璇同学，每分钟已经到了180字，她是新民主主义青年团校选送来的，学习用功，反应敏捷。”伍在这里说的韩珠璇，后来一生追随亚伟式速记，用亚伟速记方式记录了很多重要的会议。“文化大革命”期间，她因没有受到冲击，被安排了诸多事件的记录，如，1967年2月1日凌晨5点30分，周恩来总理、李富春副总理在中南海小礼堂接见全国公交系统造反派时的现场速记记录。因这些资料的忠实可靠性，为研究这一特定时期的历史原貌提供了极宝贵的凭证。

与此同时，韩珠璇也是亚伟速记的传授者，她的学生相当之多。如毕业于“北京亚伟速记学校”的孙中学，是七机部（现航天工业部）选送的学生，学成回去后，一生以亚伟速记服务于航天事业。廉正宝是外交部选送学习亚伟速记的，后来用速记记录了诸多弥足珍贵的外交资料。

新中国的各机构中，遍布着使用亚伟速记的人才。亚伟速记，在中国近代史上的每一个阶段，都记录了真实的史料，毋庸置疑，这是新中国成立后，唐亚伟以教育家的本性与毅力，坚持创办速记学校的结果。

唐亚伟的办学方针依旧按葛锐格在美国普及“葛氏速记”的方法，即遍地开花。亚伟速记在上海、南京、天津、重庆、杭州、兰州、哈密、香港等地设立的分校、分班，先后开始授课。有崔耀先、张朝炳、伍天峙、陈新、余幕陶、卫沁昌、赵匡仁、赵邦典、俞侠、朱士德、田畴等担任各校负责人。为了统一领导，改北京亚伟中文速记为总校，各分校经济独立，与总校保持定期交流和学术研究的专业往来。面授、函授并进，学员遍及国内外。1952 年，由于不便于领导，撤销香港分班，该班从此独立，更名为“华侨速记学校”，由田畴主持，继续推行亚伟速记。至 1955 年，全国学生达 20 万人。

这是亚伟中文速记迅速发展的几年。50 年代，与亚伟速记学校齐名的还有大生缝纫学校，妇女在这间学校学习缝纫，学员之多，与亚伟速记学校不相上下。

能够有如此蓬勃的发展，与唐亚伟的速记学校在这个时期内务实地顺应了当时的政治环境，即不断地进行思想改造，密不可分。根据毛泽东思想的理论，他们深刻挖掘自己头脑中的资产阶级思想，再加以批判。例如，《速记月报》1952年第一期首页的社论，题为《我们应该怎样进行思想改造》，这样说道：“……正确的学习态度，就不是表面上承认马列主义，而是实行马列主义，不是口头上学习毛泽东思想，而是把毛泽东思想当作我们行动的指南。‘不仅仅要说明世界，而且应该进一步去改造世界。’所谓改造世界，当然包括自己在内。因此，正确的学习态度，首先是改造自己的思想，因为思想是指导行动的，错误的思想，必然产生错误的行动。我们或多或少都存在小资产阶级思想，这种思想必须改造，因为它和为人民服务的思想是有距离的，和马列主义、毛泽东思想是有距离的，和无产阶级立场、观点、方法是有距离的，……因为小资产阶级思想是突出个人主义，而个人主义和集体主义是背道而驰的。”

另外，除了进行深刻的思想反省，他们也积极参加新中国的建设，为建设成就而欢呼。《速记月报》1955年第8期的首页，刊登了一篇题为《祝贺五年计划的颁布》的诗歌：“党是我们的舵手，制定了五年计划，计划上每一项工程，我们都要完成它。党早已告诉我们，一个普通的真理，有了柱石和砖瓦，才有辉煌的大厦。工人兄弟都知道，消灭一切暗藏的敌人，坚决保卫党和国家，像保护自己的眼睛。党在率领着我们，建设社会主义的国家，劳动大军前进吧！胜利地完成计划。”

美国学者费正清客观地认为，在共产党从国民党夺取得政权时，中国经济已经处于“崩溃”边缘。“与前现代经济所特有的长期结构问题——低人均收入、寿命短、低储蓄等一起出现的是，伴随着二十几年内外战争物资和人力资源的损失，以及极度的通货膨胀。”[①]基于此，“执政党斥诸以意识形态合法性为中心价值的一波接一波的政治运动来实现经济、政治和社会发展的计划”[②]。

诸场政治运动，唐亚伟当然不会成为局外人，他受到的触动不仅是正面的，也有负面的。1950 年底，开始镇压反革命运动。在重庆鱼洞溪时期就进校学习亚伟速记、高级研修班毕业后以从事亚伟速记为终身职业的伍天峙，1951 年春，主动向政府交代了曾经在庐山为蒋介石等人做过速记书记员，并说明为此参加了三青团，一再请求政府查证，以澄清自己在为国民党工作期间始终只是速记书记员。没有料到，在伍交代后没有几天，政府按“反革命重要骨干”将伍逮捕入狱，在没有判决书

---

① 费正清：《剑桥中华人民共和国史》（1949—1965），中国社会科学出版社，1994 年 1 月出版。

② 陈明明：《现代化进程中政党的集权结构和领导体制的变迁》，北京《战略与管理》，2000 年第 6 期。

的前提下，便将其强制送往黑龙江劳改农场服刑长达15年。（当时伍已经有两个儿子还不到3岁，伍妻尚在怀孕中。）速记到底是什么呢，这本应是个简单的问题，此时却令摆弄速记近20年的唐亚伟心神不定了。速记具有的保密性是肯定的，但，使用它是否就应该打上政治的印记呢？甚至会被政治所累呢？马歇尔在中国内战时期八上庐山，与蒋介石进行了一系列会谈，这些记录是中国近代史中珍贵的资料，如果没有记录下来，在历史上是不是会成为令人惋惜的遗憾呢？

就唐亚伟的职业素质与对速记在世界的使用价值的了解，他深信速记没有政治色彩。

在国外，速记的性质早已定性，它只是记录语言的工具，但它确实具备参与极高级会谈做记录的性能，这在外文速记和世界速记历史上，是屡见不鲜的。世界上很多速记记录因极具保密性而成为珍贵的历史资料，从而被留存下来。发明葛氏速记的葛锐格在《世界速记体系》一书中指出，“速记用于罗马军队中不仅是为了节省时间，而且也因为下层人和被征服者不能理解，而把它作为保密文件来使用”。罗马军事统帅儒略·恺撒（公元前100—公元前44年）发明了著名的“恺撒秘表”，用秘写法秘写情报，颇为精通速记术。他在征战生涯和独裁统治中还使速记起了重要作用。其次是在特殊时期和环境中起保密作用。《佩皮斯日记》是英国日记体作家萨莫尔·佩皮斯的手稿，在剑桥大学马格代林学院图书馆里存放了两个世纪，没人能译解它。佩皮斯曾任海军部长官，并参与情报工作，他谙熟情报部门的一套做法，曾经被人指控叛国罪，幸运的是他为自己洗清了罪名，但面对人心惟危的世态，他用速记密码写下了一切包括描述了伦敦大疫和大火的恐怖情景。佩皮斯使用了托马斯·谢尔顿的《速记字母表及其使用方法》，并且加以改编。人们认为佩皮斯之所以敢于在手记中彻底暴露自己，是他自信密码不会被解译。然而世界上只有暂时不会，没有永远不会。佩皮斯手稿最终被破译。速记发展史上被标有“保密文字”的各种速记资料，没有破译，大部分原因是因其历史使命还没有完结。所以毛泽东就曾经说：“必须十分注意保密，九分半都不行，九分九也不行。”①

中国速记之父蔡锡勇先生之子蔡璋，在回忆他为清政府资政院做一等秘书时说：“清政府开国会，我做一等秘书，带学生记录。国会里有两个党，革命党和君主党，他们水火不相容，平常谈起话来没什么，一上场专

① 李援朝：《速记符号与保守秘密》，四川《速记之音》，1992年第2、3合期。

门互相辩驳。一个讲完了，另一个就报号，‘163’号，刚才某某讲的话有点不对，试问……，就这样一层层地驳，议论非常之多。当时，我们对两党是公平的，谁也不帮，两党都一样。记过后三天，就送他们看，一天就送一本书，开始时还有人要求改，后来就没有提要改了。”[①] 这是中国最早关于速记使用的一个定性，说明了速记这门技术不带政治派别色彩，不起决策作用，仅仅是个工具。算算蔡璋所说的速记记录，已经是几十年过去了，那时尚且能够如此理解速记，现在为什么不能这样理解呢？如果不能正确看待速记，那么速记的前景将不堪设想。唐亚伟的这种不安，在后面的“反右”与“文革”中证实并非杞人忧天。

给唐亚伟的另一个震动，是对电影《武训传》的批判。这部影片在 1946 年策划时，陶行知给予了很大的支持。影片讲述了一个穷苦的农民，自己三年的工钱被地主无端骗走，他认为这是自己不识字的缘故，便萌生了办义学的想法。后来以令人难以想象的行乞，在乡绅的协助下办起了义学。影片于 1950 年底完成时，陶行知先生已经逝世，毛泽东看过后提出了尖锐的看法：

---

① 赵政：《速记知识》，第二辑第 24 页，王阳明选编，北京速记协会出版。

"像武训那样的人，处在清朝末年中国人民反对外国侵略者和国内的反动封建统治者的伟大斗争的时代，根本不去触动封建经济基础及其上层建筑的一根毫毛，反而狂热地宣传封建文化，并为了取得自己所没有的宣传封建文化的地位，就对反动的封建统治者竭尽奴颜婢膝之能事，这种丑恶的行为，难道是我们应当歌颂的吗？向人民群众歌颂这种丑恶行为，甚至打出'为人民服务'的革命旗号来歌颂，甚至用革命的农民斗争失败作为反衬来歌颂，就是承认容忍污蔑农民革命斗争，污蔑中国历史，污蔑中国民族的反动宣传为正当的宣传"；"一些共产党员自称已经学得的马列主义，究竟跑到什么地方去了呢？"[①] 接踵而来的是《中央人民政府教育部发布关于开展电影武训传和'武训精神'的讨论与批判的指示》，新中国成立以来第一场政治性的文艺批判就此展开了。对于没有经历过延安整风运动的知识分子来说，这是前所未闻的。

说到武训，著名平民教育家陶行知之所以给予高度赞扬，是同为办教育的唐亚伟最理解的。陶行知从美国留学归来，放弃当大学教授而从事举步维艰的贫民教育，他认为在中国，从历史到现实，各时期的执政者对

① 社论《应当重视电影〈武训传〉的讨论》，《人民日报》，1951-05-20。

贫穷孩子的普及教育都是苍白无力的。因贫民占全人口的比例巨大，所以中国落后。他身体力行地普及平民教育，直至劳累而死。

但是，毛泽东对武训的批判如是说："武训自己怎样想是一件事，武训的后人替他宣传又是一件事。武训自己一个人想得不对是极小的事，没有什么影响，后人替他宣传就不同了，这是借武训来宣传自己的主张，……"[①]虽然没有点陶行知的名字，但极力赞美武训办教育的人，唐亚伟深知陶是其中之一。

接着便开始了对陶行知的群众性点名批判。这是为中国的平民教育和与国民党独裁统治斗争，并对中国共产党抱有极大热情、劳累致死的陶行知生前做梦也不会想到的。在众多著名批判后，1951年8月8日，《人民日报》发表了周扬的长篇文章《反对人民，反对历史的思想和观察主义的艺术》，对陶行知下了结论："……表现了他在反对国民党反动派的斗争中的脆弱的一面。"此定论后，对陶行知的批判才逐渐减弱。

唐亚伟之所以成为陶行知的好朋友，当然是崇敬其为人，赞同其观点，但周扬的话不可能不让他震动。同

①《建国以来毛泽东文稿》第二册，中央文献出版社，1987年11月出版。

是教育办学的人，陶行知曾经给予唐亚伟的指引和帮助是他不能忘记的，在他们相交往时陶行知的言行也是他不能忘记的，陶行知的晓庄学校是中共党员的集聚地，结果招致这所历尽艰辛办起来的学校被国民党查封。后来重庆的育才，在国民党眼皮底下，教职员工几乎清一色是共产党员，国民党也是百般围剿与恐吓，陶行知何曾有过惧怕？抗战胜利后在上海，陶行知冒着生命危险，不顾朋友劝阻，在群众集会上慷慨怒斥国民党的独裁统治与发动内战的行径，如今，却说他面对国民党是脆弱的！那么，怎样才是不脆弱呢？

经过这些事件，政治依旧是如此变化莫测，一介书生唐亚伟怎能不陷入孤独呢。

后来，我们看到的《速记月报》，期期都有一篇关于认真进行思想改造的文章，也会有歌颂的诗歌，且不论唐亚伟的这些自我批评和赞歌是否发自肺腑，但可以肯定的是，如果不是这样做，亚伟中文速记在 1949 年至 1955 年短短五年时间里能得到前所未有的发展，是难以想象的。

开创并进的速记时代

1953 年 6 月，唐亚伟召集各地分校分班负责人在北京开会，讨论办校方针及献校计划；召开《速记月报》编委扩大会议，讨论进一步团结各流派速记学者，共同为繁荣我国速记事业而努力。与此同时，《速记月报》社独立。

《速记月报》自1951年5月1日创刊，由亚伟速记学校出版，唐亚伟主编，该报有正式刊号，通过邮局和新华书店面向全国公开发行。1953年《速记月报》独立，不再是亚伟速记学校旗下的刊物。这样做一方面宣告各家中文速记的联合并进，另一方面《速记月报》已经成为各派速记的宣传窗口。编委会由唐亚伟、何大钧、张勉予、张朝炳、陈新、阳春喧、颜廷超组成，兼容各派速记方式的传人，多种速记派别文章在此刊物发表。《速记月报》出版到1955年，共52期。它以“百花齐放，百家争鸣”的姿态，为中文速记的发展与研究尽了最大的努力。

对于中国速记存在的多种派式，唐亚伟始终认为可有取长补短的效果，他说：“中国这样大，只有一种速记方式，没有竞争，速记是很难进一步发展的。”

首先，唐亚伟对中文速记之父蔡锡勇及其子蔡璋撰文《传音快字和中国速记学》，尤其对蔡锡勇的《传音快字》给予了最高的评价——是我国速记史上第一本速记专书。

与蔡锡勇几乎同时的《盛世元音》，1896 年在上海《申报》发表。这是名叫沈学的一位穷苦的大学生，生于清朝末期，19 岁研究新字，用五年时间写成《盛世元音》。原文是用英文写的，名字为《Universal System》，又译为《天下公字》，由梁启超写序。全书共六部分，只有说明，没有任何符号。后来沈学又将其改名为《拼音新字》石印出版，世间流传很少，已故的语言学家罗常培曾经见过，但唐亚伟找遍各地图书馆也没有寻觅到。于是，带着对作者的崇敬，他撰文《一本没有留下符号的速记专书》向世人介绍。

1953 年第 22 期的《速记月报》上，唐亚伟发表题为《力捷三的〈闽腔快字〉》一文，他评价道："在当时尚被封建王朝统治的落后社会环境中，力氏能接受新思想，对旧社会尊为'圣'的汉字，展开激烈的斗争，提出改革方案，是难能可贵的。……从历史上看，《闽腔快字》和《传音快字》一样，是我们伟大祖国在文化方面的宝贵遗产。"

1953 年第 23 期和 26 期的《速记月报》上，唐亚伟发表《张文龄的〈传音快字〉》一文，评价这一较晚于上面三种速记法的张氏速记是中国早期速记中具有独特优点的方案，在中国速记史上发过异彩，可惜推广不力，知道的人不多。"……虽然属于几何形体的范畴，但他能首先摈弃了粗细线的写法，而采用细线加圈的形式，这在当时中国的速记学术水平上，是了不起的。张氏提出的‘横写直挥，无不如意’是确实的。也因此，张氏速记虽然没有得到推广，在速记学术方面的贡献，是有一定历史意义的。”

1954年第35期和37期的《速记月报》上，唐亚伟发表了《汪怡与汪氏速记》。应该承认，唐亚伟对于汪怡及汪氏速记有着深厚的感情。因为抗战期间，汪怡式速记在延安与亚伟式速记在重庆，同为国家尽力。“从学术本身看，汪氏由‘新式’到‘简式’前后经历了四十年，他不但使语音学与速记学更好地结合起来，而且也充分利用了语法学的知识丰富了速记的省略方法。尤其是后期的方案，内容丰富，创造性强，四十年中实无出其右者。早年汪氏北京举办讲习班，培养了众多速记人才，尤其在华北、西北一带，传播甚广。”汪怡先生最初发奋研究中文速记，是在看了日本速记者熊崎健的《速记术独修》后序中，详述了清朝政府聘请他来担任速记职务的经过。虽未成行，但一国文字的缩写，中国竟请教外国人，汪怡先生认为这是奇耻大辱。他从此一心涤耻，为中国创建中文速记。唐亚伟对汪怡先生的高风亮节，尤为赞赏。

1954年第38期的《速记月报》发表了唐亚伟《邦

永速记和拼音速记学》。在文章中，他称张邦永为我国知名速记学者之一。“总之，张氏一生服务盐政，以业余时间从事速记研究工作，几十年来始终不懈。在中国速记早期粗细线几何形系统方案中，张氏确实有创造性成就。他利用粗细长短和点的变化很高明地解决了中文速记中一连串的韵符问题、介符问题以及连写问题，创造了位置略法，发展了笔试理论，最后，并开始应用苏联斜体速记经验，从事更进一步的创案研究，他的精神是令人钦佩的。”

在《速记月报》上连载的《祖国的速记学术》一文，是唐亚伟对于各派式速记的研究结论，更是从不同角度挖掘各自长处、加以分析和研究的结果。从 50 年代初期，他在讲课中便添加了“速记概论”和“速记发展史”两门课程，资料丰富，功底深厚。他讲授的速记发展史，以及当时流传的几个速记派式——蔡氏、张氏、汪怡式、邦永式的基本方法，博得了学生们的热烈反响。唐亚伟这样做，是要学生充分发挥自己的特长，更有力地服务于自己的工作。原亚伟速记学校教师范立荣说：“唐先生鼓励我们也要学习其他各家的速记特点，要把中国速记事业看成一个整体，为了推广速记要尽我们最大的努力。唐先生与各家速记的创案人或主持者经常联系，虚心征求意见，互相了解，团结合作。大家对先生站得高看得远，没有门户之见，为中文速记能够普及和发展做到了鞠躬尽瘁，深为钦佩。”

此刻的唐亚伟，中文速记的造诣确是达到了炉火纯青的境界，以至于他成为唯一可以召集众多速记派式的人。也因此，他当之无愧地在速记界有了“中文速记泰斗”的尊称。

亚伟速记逐步得到了更高的认可。至 1954 年 2 月，北京市亚伟速记学校决定，专修科（由陈新主持）专为党政机关、团体、部队、企业培养在职人员，脱产学习，不再向社会上招收一般学生。这在亚伟速记发展史上是一个重要的进步。由于速记在外交、司法等领域的使用，速记的快速记录与实录的特殊性能，得到各级领导的赞赏与支持，很多以速记方式记录下来的资料，成为以后无可争辩的史实，获得了新中国领导者们的认可。因这个认可，五年的时间，亚伟速记呈现出蓬勃与辉煌的状态，全国的普及率之高，远远超过了其他派式速记以及亚伟速记的历史纪录。

由 1950 年至 1955 年，五年间，亚伟速记学校办了 12 届速记专修科，大部分是中央、全国各地机关、团体保送的专职干部前来专修，学习毕业后回原单位工作。有的学生由学校输送到中央和各地方机关团体工作，包括当时的全国人大、中央人民政府政务院、最高人民法院、最高检察院、司法部、内务部、公安部、重工业部、轻工业部、国家物资部、全国总工会、中央党校、中央团校、中国人民大学、中央政法干校、新华社、中国人民银行及各地省市机关。这些学生为新中国党和政府的工作，做出了极大的贡献。

在民间，1951年春，上海各高校联合主持召开“抗美援朝爱国教育座谈会”，出席的著名专家教授近百人，是建国初期上海高级知识分子第一次大集会。会议讨论中，他们根据各自的专业学科滔滔不绝地谈，主持单位要求速记人员当场校对交稿，隔天见报发表。上海亚伟速记学校派出了伍天峙、吴高勤、华开基、葛继圣四人担任了这个艰巨任务。座谈会发言每人只限十几分钟，四位速记人员分两组轮番记录，留一人译文，整理后当场请发言人过目签名。隔天，连续两个半天的会议记录稿在上海《大公报》以两个整版的篇幅全文刊出，约四万字。从记录到发表，创造了中文速记有史以来的第一速度。值得一提的是，刊出的记录稿中，在主席名字之后标出上海亚伟速记服务部和四位速记员的名字，这开创了中文速记稿在报刊公开发表之先河，给予速记人员极大鼓励。

建国初期，上海上演了一出滑稽戏《活菩萨》，连演百场，场场爆满，却没有正式剧本。文艺审查部门要审查剧本，剧团找到上海亚伟速记学校，求学校帮助，随演出进行记录台词。这是速记业以前没有涉及过的。于是，上海亚伟速记人想大胆尝试一下，派吴高勤和华开基担任此事，经多次记录校对，终于整理出中国第一部滑稽戏剧本。电影《两家春》是在老区拍成上演的，许多分镜头剧本丢失，便来请亚伟速记学校帮助，上海亚校派葛继圣和吴高勤伏在放映室内反复辨听，整理成文。

上海亚伟速记学校于1953年撤办。该校开办期间积累的各种活动的速记文字不下300万字，为新中国成立初期保存宝贵的历史资料，做出了一定贡献。1953年后，葛继圣以《文汇报》特约记者身份，继续用亚伟速记为该报服务。

1956年，原北京亚伟速记学校专修科主任陈新，在北京为中国作协速记了《琵琶记》座谈会全部记录，由人民出版社出版了《琵琶记讨论专刊》，全书25万字。

纵观以上亚伟中文速记的普及之路，这五年的铺垫与进步，使得自重庆八年以后，亚伟中文速记又登上了一个新台阶。同时在这期间，唐亚伟的速记研究并没有中断。除了对原来《亚伟速记学》第十八版做了较大的修改外，1952年《工农化速记方案》、1953年《速记基本教程》诞生。

在建国初期各行各业学习苏联的风气之下，1951 年《苏联国家统一式速记教材及理论基础》、《一分钟一百字》等著作，由费觉敏等翻译、介绍到我国。这些著作在唐亚伟主持的《速记月报》上刊出，对我国的速记学术研究产生了巨大影响，也对斜体方式的讨论与研究起到了积极的推动作用，以至拉开了中国斜体速记研究的序幕。相继，颜廷超的《人民新速记方案》、唐亚伟的《工农化速记方案》于 1952 年发表。1953 年 6 月在《速记月报》上发表了唐、颜的修正《综合方案》。同年 8 月，速记月报社为此专门召开了创研工作会议，与会的有亚伟速记学校、新中国速记学校及南京的阳春暄、杭州的余幕陶、天津的卫沁昌、重庆的张胜宽、哈尔滨的颜廷超等人。在唐亚伟的主持下，讨论通过了以两个方案为基础的定名为《斜体式中国速记方案》的提案。经试写、试教、试用两年后，各派式普遍认可方案的优越性。后经唐亚伟、颜廷超、阎德勤再次共同修改，《3y 式斜体速记》问世，即至今各大院校使用的教材。这是速记界联合共进的结晶。

1950 年 2 月，由唐亚伟和萧林合编的《流线速记学》在台湾出版。据原在南京国民党总统府中任速记长的居正修先生介绍，去台湾的速记人士有汪怡等人（汪怡式），许师慎等人（张才式），周玉昆等人（炳勋式），萧仲泉（邦永式），段竟成、李锡九等人（亚伟式）。1962年8月21日《自立晚报》报道："这些年来，在台湾流行的速记，除张才式外，有汪怡式、邴炳勋式、邦永式、亚伟式……各有特点，各显神通，不过实际效果并没有想象得那么好。"当时在教学速记和应用速记方面，将速记列入学校课程的有大学新闻系与商业学校的高级班；补习学校多是函授。速记人员以立法院为最多，除法院会有专职速记员外，十几个委员会、检察院，以至其他机关都设有速记人员。国会三机构及国民大会重视速记工作，设速记专职人员。在军队，李锡九任国民党空军司令部速记长。① 李锡九为重庆鱼洞溪亚伟速记在校专修班第一届毕业生。②

不过，台湾的社会需求毕竟有限，各派式速记的发展还是较为缓慢的。至1955年底，与亚伟速记学习人数在大陆达20万相比，台湾速记学习人数寥寥无几。

1953年《中国语文》第11月号上，发表了唐亚伟的《从速记看拼音文字的优越性》一文，开始向机械化的中文速记机进军。中国要有中文速记机。有了中文速记机，中文速记就向现代化大大迈进了一步。此时的唐

①《速记百年史》第四章第六节，学苑出版社，2000年出版。

② 曾宪和：《在亚伟速记学校专修班的日子里》，四川《速记与写作》总第22期，1996年。

亚伟迫不及待地着手开始研发。他文章中多方面证明了拼音字母的优越性，重点论述了中国速记的机械化问题，以苏联的“最新统一式俄文速记机”为例，来说明拼音速记机的优越性。这时唐亚伟已经潜心研究最早期的中文拼音速记方案，大致设想是采用21个键位的专用键盘，可以左手打声，右手打韵，一击打出一个音节。这篇文章1954年被收入“中国语文丛书”《拼音文字和汉字的比较》，由中华书局出版。后被日本“速记打字研究会”的川口晃发现，立即将他发明的“北京话速记方案”（也是左手打声、右手打韵）寄到中国文字改革委员会，请其转交唐亚伟先生提意见。当时的文字改革委员会领导人曹伯韦、陈文彬签署文件，将日文罗马字文件翻译汉字后交给唐亚伟提意见，唐根据中文语音频率与手指关系对川口晃的方案提出了意见，寄回文改委员会，并把自己的设计方案随之附去。但，后面的政治运动频频，这个交流与沟通便不了了之了。

这是亚伟中文机械速记机最早的设想雏形，刚刚发表就受到国外相关人士关注，足见其分量之重。后来的二十几年，在沉默的岁月中，为了中文速记机械化，为了中国速记水平可以进入世界先进的速记行列，唐亚伟在这漫长的时光中，坚忍不拔地进行着研磨。政治时局动荡不安，但十几岁时立志要建立的那座大厦，始终在他心里屹立着，无论冬天的寒风多么凛冽，从未掉下一砖一瓦。

寒冷中的告别

1955年对于唐亚伟是一个太不寻常的年头，他的速记生涯在这一年宣告了暂停。这打击对他来说是极残酷的。其实，在唐亚伟的意识深处，并不是没有一点准备，他的积极“献校”始终没有停止过，这样做的目的就是防范亚伟速记学校遭遇不测。预感归预感，他不能过多去想，他深知，自己能做的就是尽最大的努力坚持；在坚持中，心却始终忐忑着。个人能力毕竟有限，这个预感到底还是应验了。亚伟速记学校此次遭遇的不祥，算得上是他一生中最深刻的重创。

新政权的领导者一致相信，支持政治整合和前期社会主义改革的彻底的社会动员必须先于新体制化。完成这一任务的首要途径是一系列的群众运动。所以，在中华人民共和国成立后不久，中国共产党利用刚刚在解放战争中迸发出来的群众的高度革命热情发动了19场成功的政治运动。①

---

① 王蔚：《现代化视野中的当代中国政治运动研究》，第159页，中国社会科学出版社，2010年11月出版。

无论属于哪个范畴的人，这些政治运动对自己无论会有怎样的结果，都是每个人必须要经历的。直至 1955 年，政治运动的风暴降临到了唐亚伟的身上。

1954 年 1 月，中共中央批准中央人民政府政务院财政经济委员会《关于有步骤地将十个工人以上的资本主义工业基本上改造为公私合营的意见》。经过 4 年时间的利用、限制和改造，大多数资本主义工业已经被基本纳入工业订货的国家资本主义轨道。但是，这种形式的国家资本主义，其生产资料仍然归资本家所有，企业基本按资本主义经营，劳资矛盾、公私矛盾仍得不到有效的处理。为了进一步解决这个矛盾，促进生产力发展，《意见》提出了在两个五年计划时期内将私营工业纳入公私合营轨道的计划，以及 1954 年对公司合营的有关政策。7 月，中共中央发布《关于加强市场管理和改造私营商业的指示》，这个指示实施后，到年底，私营商业在全国商业的零售额由 1952 年的百分之五十二同比下降为百分之二十五。①

我们从上述运动的发展脉络看，基本上是这样的：首先按照党中央和毛泽东的指示或命令发动，进而形成

① 王蔚：《现代化视野中的当代中国政治运动研究》，第 171 页，中国社会科学出版社，2010 年 11 月出版。

了全国范围内的大规模群众运动，并且带有很浓重的政治色彩，所有的运动不管开始于什么领域，最后都会回归于政治领域。①

与社会政治需要相吻合的事情发生了。在1955年的《人民日报》上，一个不太显眼的地方，发表了一篇豆腐块大小的文章，内容是指责北京亚伟速记学校的函授，交了学费的学员没有完全学会的问题。众所周知，《人民日报》是党报，首先说不是一般人随便可以发表东西的，其次是针对私营学校提出问题，这是极符合当时社会政治需要的。

然而事情远远超出了唐亚伟的想象。这仅仅是一个导火索，接踵而来的就是学生要退学，教师要加薪，此时的任何风吹草动都可与政治挂钩。群众经过几年政治运动的锤炼，学会了以上面的政治口号为武器，为自己的利益而进行批判。唐亚伟进了死胡同，别无他路，亚伟速记学校接到上面的命令：学校立即关闭。

速记停滞，是一个运动接着一个运动的政治需要造成的，因为当时推行的“一化三改”运动，全社会进入“社会主义改造”时期，手工个体者走合作化道路，

---

① 王蔚：《现代化视野中的当代中国政治运动研究》，第180页，中国社会科学出版社，2010年11月出版。

个体工商经济改为合作经济，私营工商业者改为公私合营，一切要走“社会主义集团化”的道路，民办速记教育当然更不例外。[①]

直至 1988 年，在“庆祝唐亚伟先生从事速记创研和教学活动五十周年座谈会”上，北京市西城区成人教育局老局长李德宙，谈到当时责令亚伟速记学校关闭时说：“关于停办亚伟速记学校函授部这件事我参与了，并且负有一定的责任，虽然主要责任不在我，但几十年来，使我感到内疚，深感当时的处理是不公正的，是粗暴的。当时的领导同志认为函授部的质量必须保证百分之百。科学是老实的，实事求是的，实践证明函授教学不可能达到百分之百的标准。我参与了这件事的处理，所以在内心深处感到有愧于唐先生。今天我在这个场合，表明我的心迹，当时停办亚校是不尊重科学，是不对的，是过分的，也是粗暴的。”[②]

这是一位值得尊敬的老领导。这样的事情在中国的历次政治运动中比比皆是，然而向受害者道歉，在后来的几十年中，却是少之又少，因为这需要具备很高的境界与良知。也由此可以想象得出，亚伟速记学校关闭

① 《中国速记百年史》，第 106 页，学苑出版社，2000 年出版。

② 同上，第 107 页。

时的场景是怎样惨不忍睹。接到通知后，唐亚伟低声说道："天塌了！"戴志贞听了这句话，如一根钢针扎进了她的心，疼痛难忍。这么多年来，她从未见过丈夫这般没有自信。

揣着一颗冰冷冰冷的心，唐亚伟得先收拾残局。第一是要退还函授学生交来的讲义费，函授是面向全国的，因为有了问题，新学员与老学员就都要求退，但教材与讲义及教师费用都是早已支出去了的，这样退法其数额可观。第二是在校任教的教师，离开前要求发放失业后维持生活的工资，唐亚伟认为这些都是要必须支付的。两笔钱合起来数目巨大，这巨额资金从何处来呢？这真是难倒了唐亚伟。他没有额外的储蓄，自重庆时期始，亚伟速记学校就是等米下锅的境况，钱挣来了，立刻用以堵急需的窟窿。为当下之计，只能把速记学校的校舍全部卖掉以偿还这些欠款。而当时的唐亚伟一家人居住的敬胜胡同4号正是校舍之一，如此一来，他们将面临无处安身的窘况。

唐亚伟对打理残局并不陌生，早在1953年，唐亚伟就经历了上海亚伟速记学校的关闭。无论关闭是因为什么，都是一个痛苦的心路历程。他现在回想起来，当年学校关闭后，在上海乌鲁木齐路上拍卖亚伟速记学校全部物品的场景，仍是历历在目：书桌、椅子、宿舍的床铺、被褥等等，一块两块钱就可以拿走，因为便宜，不到一天，上海亚伟速记学校就精光光空无一物了。与这次关闭不同，1953 年上海亚校决定关闭的原因，财力不支是一方面，另一方面是唐亚伟自感不必分散太多精力，他想收回拳头更有力地把北京亚伟速记学校办好，北京是中国的文化中心，应该是发展文化事业的最好的地方。

这想法其实是唐亚伟的一厢情愿，北京的亚伟速记学校在两年后，即被政府下令停办了，原来的雄心壮志就此必须熄灭，相比之下，北京亚伟速记学校的关闭，让唐亚伟心里更觉得寒冷，彻骨的寒冷。一切似乎是那么未料，又是那么如料。几天后，唐亚伟便接到通知，他被分配到西城区职工教育学校，具体工作是教授语文。从此，与他潜心研究了 25 年的中文速记，没了一点关系。

拿到分配通知书后，他没有回家，漫无目的地往南走去，一直走到护城河边。从西四到宣武门外的河沿，走了将近一个半小时才到。站定后，他看见有几个八九岁的男孩在玩石子打水漂，石子向河水面打出去，在水面上下跳跃前行，跳跃次数多的是胜利者。孩子们争着把石子打得多次跳跃，以至到最远，他们一次次地力争着，想让石子在水上多跳跃几次。看着看着，唐亚伟不禁笑了，无论石子打出有多远，上下跳跃多少次，终都是要沉底。石子重于水，可以跳跃，而水最后可以完全把石子吞噬。

他看一会儿，又低头沉思一会儿。也许此刻的他什么也没想，离开速记，他的心很空，不知去想什么。等天暗下来时，唐亚伟才转身往回走。失之东隅，收之桑榆吧。他有意让心渐渐放松。

这一来一往，耗去了半天的时间。待到家时，已经是老母亲和妻子准备歇息的时候了。他很随意地告诉她们，这次分配工作，国家是重用他了。这么一说，看到没有引起母亲和妻子什么不安，顿时，他悬着的一颗心踏实了。

同年，在陈毅主持下，第一所公立速记学校批准建立。1956 年建校，1957 年竣工，地址设在西城区新街口外大街 14 号。建筑面积为 2300 平方米，教学楼为三层，另有学生餐厅、图书馆、锅炉房等辅助设施。这样好的速记学校，是唐亚伟梦中都不会有的。新学校接收了亚伟速记学校第十三届研修班的学生，聘范立荣、董增源、杜坤仑、冀茂林等原亚伟速记学校教师负责教学工作，任马骏为校长。使用的教材仍旧是亚伟速记教材，教师也是原亚伟速记学校教师，教授的自然也是亚伟速记，一切都没有改变，唯一的变化是没有了亚伟速记的发明人——唐亚伟。

须一提的是，速记在新中国建立后主要用于国家领导机关内部，因工作的特殊性，速记处于神秘的保密状态，速记员的交往也受到一定的约束。[①]这样就使得速记的保密性更为突显，政治上可靠与否也尤为重要。唐亚伟出局了。他确实感到有点冷。即便再坚韧、再宽容，心，毕竟是血和肉做的。政治上的不被信任，在当时是残忍的，甚至带了点血腥气味。此后，他开始有些沉默了。

几天以后，唐亚伟还清了学生的学费和教师的工资，带着一家老小搬进了马市大街 49 号小院，他在这里租了两间平房安顿下来。1955 年，进入不惑之年的唐亚伟上有老母亲，下面已经有了儿女五个：长子唐可智，长女唐可明，次子唐可亮，三子唐可立，四子唐可容，一年后小儿子唐可为出生。

仅靠唐亚伟在职工学校教书的工资收入，满足这个八口之家的吃饭问题是太困难了，于是，戴志贞要求参加工作，她被分配到西城区一所小学任教。唐亚伟夫妇都是南方人，在北京没有什么裙带关系，更没有在经济上可以给予援助的亲朋，这一时期老母亲多病，孩子尚

---

① 颜廷超：四川《速记之音》，1992 年第 1 期。

幼，夫妇两人的工资级别没有被列入高等行列，他们的生活与全中国人民一样，进入了一段相当艰苦的时期。尤其是1960年左右的三年困难时期，那是一个人人饥饿的年代，唐家五个男孩子要长大，要吃饭，这是每天必须面对的事情。

1963年，唐亚伟恩重如山的母亲去世了。对于母亲，唐亚伟的孝顺与尊敬，是有目共睹、有口皆碑的。1938年《亚伟速记教材》首次问世的原稿的扉页，唐亚伟写下了“谨以此书献给我的慈母。因为慈母的劬劳，才使我有求学的机会”。感恩之情跃然纸上。后来，亚伟速记学校迁至鱼洞溪，已经有了些发展，时逢唐亚伟30岁生日，在校生与在重庆函授的学生来庆贺，他首先举杯说道：“今天是我的生日，首先要向我的母亲表示最崇高的感谢，因为没有母亲的抚养与教育，我不会有今日，同时在今天我也感到无限的惭愧，因为我至今还没有什么成就，没有完成母亲所期望我的万分之一。今

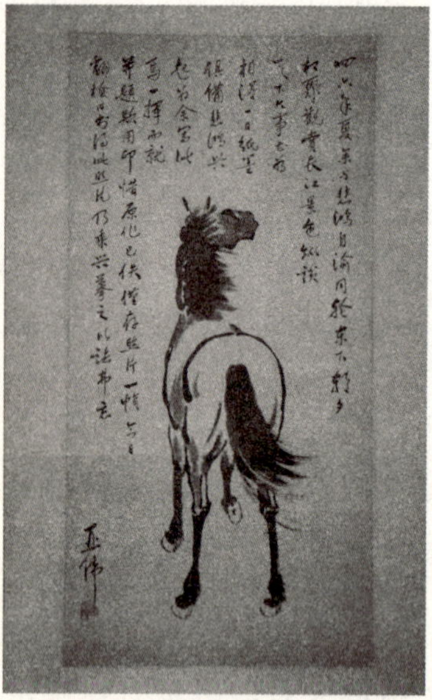

为纪念徐悲鸿先生赠画之谊，唐亚伟临摹的奔马图。

后，我只有更努力，为学术，为人群服务，以报答我的母亲于万一。”母亲跟随着他跋涉在艰苦的普及中文速记的路上，不曾有半点怨言。如今在唐亚伟人生最为艰难的时期，也是全中国人民最饥饿的时期，母亲离开了他，没有等到儿子创造辉煌。母亲离去后，唐亚伟更沉默了。

在中国，凡经历了那段时间的人，以越是饥饿越要活下去的观念支撑着，顽强地面对这些苦难。

1959 年的春节到了，戴志贞把所有的钱和粮票算了又算后，她有些伤心，似乎山穷水尽了。本来为了让孩子们稍稍多吃些，一直都是寅年就吃了卯年的粮，如今要过年了，一顿饺子的钱也没有啊。于是，她又开始把这个家捋一遍，目光再次盯在了一幅画卷上。她走过去拿起画卷，想了想，叹了口气，又放下，脚刚迈出几步，跑来了可亮和可立，七八岁的孩子，她伸手摸摸，心里自语着，瘦啊，怎么这么瘦呢。顿时便不再犹豫，走过去拿起了那卷画，向门外转身时，唐亚伟进来了，无须说，一切尽在不言中。戴志贞默默地注视着丈夫，似乎在等着他说话。静了片刻，唐亚伟轻声说，明天再拿走吧。

夜很深的时候，唐亚伟打开了那卷画，随着手徐徐下滑，整幅图画便呈现了出来，这是徐悲鸿的骏马图。万籁寂静，夜里的这静，似乎把空气里的污浊扫得干干净净。他凝视着挂在墙上的画，不禁一股难言的悲情涌了上来。瞬间，他想起了徐悲鸿。那是抗战即将胜利时的一次募捐后的聚会上，唐亚伟忘年之交的朋友都在座，他们无拘无束地畅谈着对未来的美好憧憬，夜很深，有清风拂面，带来了阵阵花香，树影摇曳，多么酣畅。在集会即将结束时，徐悲鸿送给了他这幅画，说，这马是奔腾的，你还年轻，出川后大展宏图吧。他也想起了冯玉祥，想起了陶行知、李公朴、刘定五和孟宪章，他想，倘若他们还健在，自己如今不会这样孤独。沉浸在往事中的唐亚伟，虔诚地临摹着这幅骏马图。天破晓时，临摹完成了。此刻，唐亚伟依然沉浸在与徐悲鸿交谈的欣悦中，温馨、相知的情意久久不肯散去。他渴望，渴望时间在这里停驻。

第二天，腊月三十。戴志贞把画卷送到荣宝斋，换回来四十元人民币，先给孩子买了御寒的棉衣，过年还吃了饺子。徐悲鸿先生天堂若有知，也会欣慰，在那个贫困的时期里，他的画解救了无数饥饿的人。此后，唐亚伟将临摹的这幅骏马图，始终挂在离他最近的地方，时时看看，就能给他安静，友善和毅力。

唐亚伟所在的是职工教育学校，教授的是成年人，因此上课的时间在晚上。白天除了备课外，他有了充分时间阅读书籍。大儿子可智已经十来岁，每次按父亲开的借书单子，往来于国子监的首都图书馆，还回一批书后，再按单子借回一批。这期间，唐亚伟的阅读非常苦，从中国文学史开始，古典文学与现代文学，通读通学，以弥补自己非中文专业出身之不足。除此，他定时到北大旁听，使自己的教学更为精准而细致。这些中文方面深入地学习与研究，对唐亚伟后来又一次为中文速记现代化冲刺，解决汉字输入中词频[①]等诸多需要研究的问题，起到了至关重要的作用。

伏案，这是唐亚伟留给儿子以及儿子同学的印象。每天自早上起来，孩子们就看见父亲在桌子前看书，写字，中午放学回来，看见的父亲身姿依旧，下午放学后，只见父亲才站起身来，往包里装书和笔记本等，缓缓走了出去，这是他工作时间开始了。日复一日，年复一年。

曾经有几次，当唐亚伟走上讲台，抬头看见黑板上昨天自己写的内容还没有擦，于是转身点点头说，“先等一等”，拿起板擦时，就见班长跑上来，从唐亚伟手

① 词频：词的频度。频度：词条的统计次数。见刘源等编：《现代汉语常用词词频词典》，宇航出版社，1990 年 6 月出版。

里拿过板擦，边擦边说，“老师，我们不是忘记擦了，是实在舍不得老师的这一幅板书”。唐亚伟听了，低下头，眼睛涩涩。再抬头看下面的学生，他看见了一片亮晶晶的星星。

下课已经是9点多了，唐亚伟每天回家路过的胡同里有一个卖小吃的摊子，他花三分钱要一碗豆汁，权当晚饭。豆汁的热乎让他满意极了，喝得干干净净后，把碗放进篮子里，向摊主轻轻地点点头，说声谢谢，便夹紧腋下的书，消失在黑暗中。

至1966年“文革”开始全面停课前，这段改行生涯已足足十年。人生又有多少个十年？这是一个痛苦地转身。无独有偶，唐亚伟在华北革命大学的同学、著名文学家沈从文，自30年代便作品等身，有中国的高尔基之称，但，作品的风格突显与政治不相关，连他的好友丁玲也说他是胆小鬼，在“革大”毕业后，分配到了历史博物馆工作，同样也是完全改行了，也是痛苦地转身，痛苦得无法用语言去诉说。因祸得福，沈从文在反右派运动时没有被扣上右派帽子，减少了一次政治冲击。也因此，后来几十年沈从文先生潜心研究中国古代服饰，其成果为后人留下了极其珍贵的资料，并填补了中国一项空白。

必须承认的是，唐亚伟的这次改行，虽然痛苦，却也避免了带上“右派分子”的帽子，以他一贯待人接物的平实、谦和与低调，从不与任何人发生争执或误会，因此躲过了一次次对知识分子大规模的冲击。

1958年的反右派运动到来了。与文学界一样，速记界遭遇了沉重的打击。文学作品具有的寓意性与速记符号具有的保密性，都为自身制造了无奈的悲剧。因为，恰恰一些当权者有着敏感而尖锐的怀疑天赋。

“反右运动比以前的历次运动清洗了更多的人。估计有40万到70万知识分子失去职位，并下放到农村或工厂中劳动改造。”①

反右运动的结果，“等于砍了中国的头，使中国最精贵稀少的人才丧失了活力”②。

金长风（1919—1968）是我国一位速记家。江苏吴县人，生于上海。12岁开始学习速记，先后学习过汪怡式、亚伟式、张才式、炳勋式、邦永式等速记，进行比较后研究、创立了“一线一音”的“长风速记术”。1946年在学生（中共地下党员）的协助下，金长风在上海市宁海西路开办“长风速记学校”，以面授为主。“根

① 费正清：《剑桥中华人民共和国史》，第271页，中国社会科学出版社，1998年出版。

② 王景伦：《走进东方的梦，美国的中国观》，第224页，时事出版社，1994年出版。

据党的地下组织的指示，以函授速记为媒介，陆续组织上海和全国各地青年积极投入当时党领导的民主运动中去，教育了一批进步青年参加革命。”这是翁涛于1989年7月在《速记交流与争鸣》中发表的《速记和我》中的话。1955年，长风速记学校停办。1957年的鸣放时期，金长风发表了《速记界团结起来》的发言，后因此先被定为右派，后升级为“反革命”，被判十五年徒刑。1968年病故于青海劳改农场。

郭立华（1914—1981）是“简易速记”的创案人，我国著名的速记工作者和速记教育家，江苏南京人。自幼丧父，家贫，19岁考入南京职业学校，师从周玉昆老师学习“炳勋式速记”，即开始记录工作。实践中他深感不足，加以研究改进，1937年开始采用“简易速记”，后在重庆任国民党参政会速记员。“皖南事变”后，愤然辞职，拟赴延安，因故留在西安，开始速记教育。反右期间，他以“组织右派小集团向党进攻”的罪名，定为“反革命”，被判20年劳改。

颜廷超是“斜体式速记”的发明人之一，1957年定为右派，撤职劳改。

相比之下，唐亚伟何尝不是幸运的，转身虽然痛苦，但毕竟不至于妻离子散。要说对于戴右派帽子不害怕是不现实的，九三学社的好友孙荪荃自杀，是给唐亚伟敲了第一下警钟，速记界的诸多同行因被怀疑从事特务密码工作，而下放劳改农场进行劳动改造，并且株连九族，这是第二下警钟。政治到底会把速记怎样，把他会怎样，唐亚伟一无所知，尽管在革命大学学习了马列主义，此时竟派不上一点用场。

长安故人问我，道愁肠殢酒只依然。

目断秋霄落雁，醉来时响空弦。

一切都在不可预测中，他彻底沉默了。

风吹皱了一潭水

1966年，闻名于世的“文化大革命”运动开始了。这一次的狂风，犹如吹皱一潭死水，把在沉默中教书十载的唐亚伟的生活，掀起阵阵波澜。首先，学校停课。无人上课，自然无书可教。值得庆幸的是，针对教师的批判与斗争，职工学校没有像社会上大中小学那样惨烈，因为这里的学生都是成人，是职工，相比那些被调动得已经疯狂的学生，斯文了许多。但，这次与反右运动明显不同，唐亚伟隐隐感觉出来自己不会再幸免了。

正如唐亚伟所料，他这样的人不可能不受到一些热衷于政治运动的人的关注。一天早晨，唐亚伟走进学校大门，习惯性地边走边浏览漫天满地的大字报。突然，

“唐亚伟，何许人？”一行大字赫然跳进他的眼睛里。虽然心里有准备，还是不禁心跳了起来，只觉得一股热血往脑袋上涌。他定了定心，站稳，一字字细看上面的内容。这篇写他的大字报并不长，只有两张纸，大标题占去了半张，所剩几行字的内容大致是说：唐曾经研究的速记，是一种为美蒋特务服务的工具，因此，怀疑他在重庆期间与国民党有密切的关系。

唐亚伟把这张大字报看了两遍，回到办公室，倒了杯水，坐下逐字逐句地琢磨起来。他是搞速记的，有过目不忘的本事。那两张纸上面的话：速记与国民党朋友，这一点不错，但都上升不到政治层面。第一，速记不是专为国民党服务，因为在延安时期使用的汪怡式速记也是速记，记录语言的性能是相同的。第二，重庆时期的朋友，唐亚伟是不分党派的，即便是国民党朋友，如冯玉祥、刘定五、孟宪章等，他们的为人是大公无私、光明磊落的，这些，唐亚伟深信不疑。这样想着想着，就过去了大半天，他再次漫步到那张大字报的地方，发现已经被新的盖上了，而且盖得严严实实，没有露出来一个字。唐亚伟好生奇怪，看这新贴的大字报足有四五张纸，是几位老师联名摘抄的毛主席语录。唐亚伟不禁对这几位老师感激之至，低下头去慢慢踱回了办公室。从此，再没有批判他的大字报出现。

无论唐亚伟多么侥幸，多么从不树敌，像他这样的人，想免于抄家也是过于天真。这个，唐亚伟心里很明白，在把大批重庆时期的信件、照片以及一些他的著作原稿烧毁后，他便时刻等待着震耳欲聋的砸门声。终于，在深夏的一个夜里，某中学的红卫兵来了。哗啦啦，一下子门里门外站了十几个红卫兵，领头的先在屋子里转了几圈，嘴里念叨着“……怎么什么都没有哇，真他妈穷，穷得都出声啦……”

穷，确实是很穷。唐亚伟的家，大小两间屋里各有一个用砖头搭的木板铺，大屋子里面是大铺，五个男孩子通用，小屋里的铺小一些，唐亚伟和戴志贞，带着女儿。两个木板铺上竟然没有什么像样的被子，下面铺的是棉花套子，上面盖的两床被子，破烂不堪，看来是两三人合盖一床。小屋子里有个小书桌，上面堆着书。饭桌子上有几个碗和两个做饭的锅，墙上挂着两条硬硬的手巾。除此之外再无他物。穷，穷得让红卫兵没得可抄。红卫兵们快快地走了。幸亏把有价值的都销毁了，唐亚伟明白，就是再舍不得也得这么办，免去了批斗，免去了妻离子散、家破人亡。

当这些庆幸过去后，唐亚伟发现一切都将无法恢复了。《速记月报》，自重庆创刊至 1949 年共 67 期与 1949 年至 1955 年共 53 期，上面刊登了历年速记研究的珍贵资料，自己的速记创案设计、著作原稿、友人的信件等等，都荡然无存了，一切都是空白，再没有了可查的记载。而另一件事情的发生，则更令他痛心，1968年，陈毅主持创建的北京市速记学校被宣告停办，因为速记被打成了“密码”，所进行的都是特务活动，这当然与陈毅也惨遭“四人帮”迫害密不可分。

虽然离开了速记，他无时无刻不在关注速记的风吹草动。唐亚伟就是唐亚伟，因为带着永远感恩的心，总有让他可欣慰的事：陈毅主办的这所速记学校至1966年停止招生止，共培养了1600多名速记人员。他们已经学会了速记，终生不会忘记的，就会应用到各自不同的工作中去。想起这些，唐亚伟心里不禁又泛起阵阵激动。

可记得，北京市速记学校自1958年8月向全国招生，有19个省、自治区、直辖市的机关和中央军委等保送的96名脱产住校生。每一届两个班，学期为5个月。速记的毕业标准，每分钟要求最低纪录140个字，准确率在百分之九十五。1959年至1961年相继办了第二、三、四、五届专修班，招收十个班447名学生。在三年困难期间，不再招收外地学生，到1966年前，为外交部、中联部、七机部（航天工业部）和解放军总政治部先后办了4个班，培训出100多名速记专业人员。

1962 年还开办了业余班 6 个，招收 278 名学员。想到还是有这么多人学习了速记，唐亚伟的心感到了一丝甘甜。

如果私立的亚伟速记学校停办后，陈毅同志没有主持公办速记学校，岂不是更让他心痛？个人的荣辱不必挂记，国家倘若没有了搞速记的人，那才真是令人心碎的事。

1969 年，唐亚伟带着这些痛心与欣慰，去了西城职工学校的“五七”干校；干校设在昌平的立水桥。这也是一个幸运，免了远走他乡之苦。更幸运的是，提着行李的他刚一下车，就听见有喊“唐老师，您好啊……”，原来是曾经在职工学校进修的一位学生，在这里管理干校事务。寒暄过后，这位学生帮唐亚伟提着行李，进了干校的宿舍，边让坐边说：“这里环境不是太好，您有什么事情尽管和我说，能解决的我尽力解决。”唐亚伟看看这宿舍，虽然是平房土炕，但明亮、暖和、干净，他笑了，说：“这里比我家里还好呢，没有问题。”

唐亚伟的三年干校生活从此开始了。既然有位做干部的学生在这里管事，对他多少是照顾的。比如下地干活，就分配他去管水、浇地。这是轻松的活儿，不用说，唐亚伟这次又遭遇了“幸运”两个字。他每星期六晚上骑一个小时自行车回家，星期日晚上再骑一个小时回干校。由于这轻松，唐亚伟的速记机编码方案在这几年中有了一个飞跃。速记机是使用键盘听打，为研究这键盘，从无数的硬纸片到磨坏了十几个木头盒子，时令阴冷，他躲在黑暗的角落，反复排列、击打，多少个日日夜夜就这样过着。结果在“文革”刚刚结束，速记在政治上平反后不久的1979年，他就发表了《汉语拼音打字法》，奠基了亚伟中文速记机编码基础。

1972年，恢复高中，唐亚伟接到教育局通知，到北京162中任高中语文教师。结束了干校生活，他重新开始了语文教师生涯。这工作对他并不生疏，但依旧不是他的本行——速记。那时大学还没有恢复招生，高中的教学压力似乎不是很大，唐亚伟的中文速记机键盘编码依旧进行着。无论现实中自己与速记显得多么无关，中文速记在这期间的境遇仍旧是他的心病，既是心的病，愁楚与苦闷只能深深藏在心里。键盘研发也是因为对速记深深的爱，他无法控制自己不去做、不去想速记。

“文革”结束后，《人民日报》专题报道，那个期间速记的状况是“十年内乱期间遭到禁锢，摧残而濒临灭绝的一门学问—速记学……”[①] 十年的政治运动，实在是残酷到了极致，将这个有上百年历史的学科竟然摧残到

---

①《我国速记事业得到恢复发展》，《人民日报》，1982-11-25。

濒临灭绝。

自1955年亚伟速记学校关闭至1976年“文革”结束，长达20年，唐亚伟寥寥地发表了几篇文章，可见他的沉默。也许只有沉默能保全生命，但沉默之中的他并没有浪费时间，对于他来说最珍惜的东西就是时间了。机械速记机，从世界范围看，在第二次世界大战以致更早便已问世使用，可是中文速记机呢？还如天上飘着的彩霞一样，美丽而虚幻。每每想起这些，一向平和的唐亚伟，心便紧紧地拧了起来。

1959年，汉语拼音①正式颁发使用，因此，小学一年级便开始学习这种新方法拼读认识汉字。这方案自1953年始至1958年批准使用，期间唐亚伟关注了汉语拼音的每个研发过程，又因同为汉语领域，时常被邀请参加汉语拼音与汉字改革的讨论。

“《汉语拼音方案》在拼写规则上十分科学，它既合乎国际习惯，又合乎汉语语音的特点。我们在速记教材

①《汉语拼音方案》：给汉字注音和拼写普通话语音的方案。1958年2月11日由第一届全国人民代表大会第五次会议批准推行。分字母表、生母表、韵母表、声调符号、着音符号五部分。用来帮助识字，统一读音，改进学校语文教学，推广普通话等。方案采用26个拉丁字母，在字母表里规定顺序和名称，在生母表和韵母表里规定拼法，另有声调符号和隔音符号的规定。《辞海》，1989年。

上，也采用《汉语拼音》注音。因此，学会汉语拼音的人学习速记就很容易，不会汉语拼音的人，学习了速记的同时，也学习了汉语拼音。因为速记的基本符号和音节符号的读音，是以汉语拼音为依据的。”[①] 唐亚伟如是解释他的改进，也是他为中文速记机键盘符号设制的蓝图。

1959年，字母式《汉语拼音快速笔记法》发表，1962年，字母式《汉语拼音简易笔记法》发表，1968年，方位式《五线谱式速记》发表，至1980年，字母式《打字速记法》诞生。虽然仅仅是几篇文章，发表在了很不显眼的杂志上，但是，生活于最低谷、最艰难时期的唐亚伟，中文速记打字机雏形在他的心中诞生了。

沈从文先生改行后为研究中国古代服饰，与夫人张兆和的斗室中只有一张小书桌，他们夫妇分日夜班使用，唐亚伟为了中文速记机则常常是伏地而行，他的斗室里也只有地面上可以摆开一张张的字母符号排列图形。

还是张杰对“五四”以后这一代知识分子的那句评

---

① 唐亚伟：《学会汉语拼音》，北京《速记知识》，第99页，王阳明选编，北京速记协会出版。

语：自有的历史使命感让他们无法消沉。

春天里的暖意

唐亚伟到干校后不久，因血压偏高，“五七干校”对他的出勤更为宽松，他因此便时常在北京的家里休息。

终于熬到史无前例的“文化大革命”结束了，大地回春。

1971 年下半年，美国国家安全事务助理基辛格代表尼克松总统两次秘密来中国，与周恩来总理做了多次会谈，为中美建交做准备。在会谈中，美方是基辛格带来的两位秘书黛安和朱莉做速记，用“葛锐格式速记法”，中方是外交部廉正保和胡凤仙担任速记，这两位速记工作者毕业于外交部办的速记学校，该学校的前身即陈毅主持外交部工作时开办的北京速记学校，完全使用亚伟式速记方法。对于亚伟式速记，廉正保与同在外交部工作的亚伟速记使用者刘杨共同认为“亚伟中文速记，以其符形美观、书写流利、符合人的生理运动规律，成为我国流传最广、掌握人数最多的实用技能，具有好学好用、易于认读、书写迅速、保密性强的特点”。鉴于此，中国在诸多重大外交谈判中，均为亚伟式速记所记载。如 1969 年周恩来总理与苏联总统柯西金在机场进行了秘密会谈，当时中苏关系紧张，在会谈的协议中，达成了双方恢复关系的相关条文，后来苏方又有意反悔，中方提出了有会谈时的具体文字资料，事情才得以圆满解决。我方所说的具体文字记录，即廉正保当场的速记记录材料。

因为按国际惯例，首脑会谈双方均不允许携带录音机，这是非常严格的纪律，如有携带者视为窃听。因此，周恩来总理有一句话，廉正保始终牢牢记在心里——“会谈中的话都要记，都要记，连开玩笑也要记。”在与金日成及很多国家首脑的会谈中，周恩来总理只允许两人随行参加——秘书与速记员。

在基辛格秘密访华期间，周总理与基辛格进行了多次会谈，廉正保以亚伟速记做记录，最长一次达 18 小时，为中美建交史留下了宝贵的资料。之后，为中美、中日、中德建交的谈判均留下了速记记录资料。

1972 年初，尼克松总统正式访华，中国第一次打开了封闭多年的大门，历史意义极其深远。美方做速记的是白宫速记员伍兹小姐，仍然使用“葛锐格速记法”，中方做速记的仍然是廉正保和胡凤仙，不同的是伍兹又使用了英文速记机，显示出了现场其快、准、简单的特性。会谈后，周恩来看着那台美国人使用的速记机，当着美国人对廉正保说，这样的机械我们能不能搞出来？

廉正保回答，可以搞出来。周总理说，那好，好好努力，想办法把它搞出来。人家能做到的，我们也一定能做到。听了周总理的话，廉正保也暗自下决心，要研发出中文速记机。但在这之后，廉正保被任命为我国驻美大使馆二秘，工作繁忙，实在无暇研发中文速记机了。

总理的这句话，总理的这个心愿，传到了唐亚伟耳中，这着实让还在干校劳动的他难过。速记机在世界上已然诞生了几十年之久，在各领域广为使用，1953 年唐亚伟便着手设计中文速记机，至此，近 30 年过去了，中国至今仍旧是空白。说起速记应用于外交部可谓由来已久。现任外交部从事手写速记与速录机速记的刘杨说，外交部在 50 年代就成立了速记组。陈毅说“速记和打字是外交上的武器”，因此在亚伟速记学校停办后，主持开办了北京速记学校，为中央各部门培养了大批亚伟速记人员。周恩来指示：“新闻工作者和翻译要学会速记。”鉴于国家领导人的高度重视，速记用于外事工作以来，极大地提高了工作效率，在完整记录和保存我国外交工作原貌方面，起到不容忽视的作用。

如今要实现总理的愿望搞出中文速记机，唐亚伟相当明了：不能寄希望于他人，时不我待，自己必须顽强地继续下去，直至成功。

在干校的劳动强度低，可以找空闲的机会就钻进一个旮旯，研究一阵子速记键盘的设计。许多年来，他逢吸烟者必索取烟盒，用烟盒外面的硬纸做速记键盘的模型，这个习惯十几年间没有中断。但是，另一个问题在他心底纠结着：最终，所有的发明，都必须进行广泛而持续的实践、修正、再实践、再修正，没有大量的实践，想成功是不可能的。在时刻会有政治危险的年代，做这些事简直是天方夜谭。中国大地尚未解冻，春寒料峭，“速记”没有被平反，人们的意识里依旧认为它是特务使用的密码，唐亚伟只能躲在家里，在这个安静又不为人知的角落，摸索，思寻。“等”这个字对于他来说，既无奈又具有强烈的期盼，他相信自己一定可以等到机会，在有生之年把这个使命完成，不然，枉为中国速记的奋斗者。唐亚伟铁心地发着誓。

早在 1953 年，唐亚伟着手对打字速记和速记机的研究，在《中国语文》1953 年 11 月号发表论述汉语拼音化的“打字法”和“速记机”原理，这就是字母式的速记方案。字母式是能与世界相通的，这篇文章曾经引起日本速记学者的注意，并致信欲与唐进一步研究，无奈中国的政治运动接二连三，一切技术方面的探讨与深入研究陷入盲区，与日本方面的交流不了了之。但是，唐亚伟的这个设想，是在正确的路上迈越了一大步，没有丝毫偏离。这篇文章中，他介绍了自己设计的“YW 码汉语速记方案”，这是与英、法、日、苏联各国相同的原理，但使用的键盘不同，即：数键并击，一下打出两个音节，即一个双词。如：一下打出四个字母“JBZU”代表“技术”一个双音词。这键盘的字母安排来源于美国的速记机键盘，又根据汉字发音做了改革。因为1953年，中国后来实施的汉语拼音仍在讨论中，还尚未执行。1955年，陈越的《文化技术的发展和中国文字改革问题》一书中，引用了唐亚伟在《中国语文》上发表的文章，并且进行论述。唐亚伟这篇关于打字机械化的理论，论述了利用小写字母兼作结合韵母，即在不换挡的操作中，打出声母和结合韵母。这对后来的电子打字机中的四通中英文打字机、人大联想式计算机、夏普机—1000c中英文打字机的拼音方式均产生了巨大的影响。①

1959年，唐亚伟发表了《汉语拼音快速笔记法》，根据国家颁发的汉语拼音方案，对1953年的“YW码汉语速记方案”进行了修改。这次对中文速记机的摸索，正处于中国剧烈的政治运动时期，以致后来“速记”沦为“美蒋特务进行反革命活动的工具”后，唐亚伟所有的设想与研究，只能极为隐秘地进行，缓慢而艰难。

---

①《速记百年史》，第117页，学苑出版社，2000年7月出版。

星移斗转，30个春秋过去了，唐亚伟在历经政治与生活的种种艰难的磨砺后，依旧要为中国研发出中文速记机的痴心不改。他依旧团缩在沉寂的角落里，像滴水穿石一样，顽强地摸索着。

在黑暗中蜷缩着，手与脑不停地跳动与尝试，手指上慢慢生成了厚厚的老茧。就这样不知过了多少个日日夜夜。

终于，速记迎来了春天。1979年11月10日，人民政协全国委员会教育组组长、著名语言学家周有光召集在北京的速记工作者，开了“文革”后的第一次座谈会，应邀出席的有唐亚伟、刘拓、张潮、郭东文、范立荣、费觉敏、杜坤仓、李裕德等。会议由周有光主持，与会的速记人们，大声疾呼政府尽快重视已经濒于绝境的速记专业的复苏。《光明日报》于11月27日发表了《速记有用，应该重视》的专题报道，指出“速记是一门有用的学术，特别在新闻工作、司法工作、商业经营上更为需要；现有的录音机设备绝不能代替速记的作用。……周恩来同志和陈毅同志生前十分关心并且重视速记教育和速记人才的培养。周恩来同志曾经多次指示翻译人员要学会速记，……林彪、四人帮横行时期，北京速记学校被撤销，速记书刊被烧毁，教学人员被拆散，速记教育遭到了严重的破坏。十多年来，想学习速记的青年求助无门，这种境况长期延续下去，是社会主义文化教育事业的损失”。

《光明日报》的这篇报道发表后，立即吹响了中国速记事业复兴的号角，一个革新时期的中国速记局面就此展开了。78 岁的周有光先生，在拨乱反正后，为速记平反提供了行之有效的支持。他和唐亚伟说，我在美国留学的时候，认识了速记学家葛锐格先生，他提到中国有位唐亚伟先生，所做的《亚伟中文速记》很有影响。[①] 国家教育方面的领导与唐亚伟这样温馨聊天，何尝不是暖风拂面呢。被冷落了 20 多年的唐亚伟感到春天确实来了。

1980 年，北京市西城成人教育局李德宙局长，请唐亚伟与校长张希贤携手，到职工中开办文秘速记专修班和速记函授部，召集了唐亚伟的学生、原亚伟速记学校和北京速记学校的教师费觉敏、杜坤仓、韩珠璇、范立荣等老师任教。同年 7 月，举办了“速记系列讲座”，唐亚伟主讲，共十讲，听众达 1700 人。这久违的热烈场景令人鼓舞。

1981 年春，“速记函授部”面向全国招生。

---

① 范立荣：《亚伟先生从事速记研究和教学工作五十年》，《速记知识》，第 44 页，王阳明选编，北京市速记协会出版。

1981 年，北京市速记协会成立。唐亚伟出任会长。成立之初，唐亚伟召集了各派式速记人员参加，经讨论决定普及三种速记派式：亚伟式，汪怡式，苏文式（综合式）。后来，除亚伟式坚持办学，其他两派均未进行广泛的普及教育。

1982 年，经北京市成人教育局研究，决定将速记教育交北京西城区职工中专承办，开速记师资培训班，为速记函授班、面授班培养师资，以应当时之需。在学校封锁了十年后，百废待兴的中国，人们对于学习迸发出猛烈的热情，要学习速记的人多如过江之鲫。亚伟速记教材采用张潮、陈新编写的《汉语速记》，宁夏出版社出版，1978 年至 1980 年累计发行 25 万册，创下速记书籍有史以来最高发行量，大有洛阳纸贵之势。一时，速记教师短缺，除了费觉敏、韩珠璇等专业速记教师外，连戴志贞及唐可智、唐可为也须上阵讲授速记，以应当下之急。

1983 年，北京市速记协会的培训中心成立。至此，西城职工中专即将速记教学全部移交北京市速记协会培训中心。唐亚伟再次任校长，再次开启了亚伟速记教育函授、面授的课程。

自 1955 年至今，足足 28 年了。唐亚伟，从 40 岁踌躇满志的青壮年至 68 岁迎夕阳的知天命之年，时经一万个日夜，虚度乎？荒废乎？“无奈”二字，是那么苍白无力。无论如何，他到底从冰凉的沉默中走了出来，并且感到了阵阵的暖意。

这暖意并非只是给予速记的正名，要研发中文速记机，使中国速记赶上世界水平，只争朝夕，把浪费的时间抢回来。春天在唐亚伟苦苦的等待中终于到来了。

1979 年 11 月，唐亚伟根据 1959 年《汉语拼音快速笔记法》改进的《汉语拼音打字速记法》发表。“打字速记法”不同于“速记打字机”。“速记打字机”是特制的一种打字机，采用专业键盘，可以每次同时打几个字，因每次按键后必须移纸一行，要使用大量的狭长的卷纸，阅读不便，只能供专业人士使用。而运用国际通用键盘的“打字速记法”打出的字迹和普通文件一样，便于阅读。“打字速记法”又不同于一般打字机打字，“打字速记法”的目的在于“速记”。它根据《汉语拼音方案》的原理，采用缩略的方法，每一音节最多只打两下，如以每分钟 200 击算，即可达到每分钟 100 字，再加上省略的方法，即可达到每分钟 150 字。若经过打字专门训练，每分钟最快可达到 400 击，则是一般手写速记的速度。这是以速记为目的的进步。

这是唐亚伟在研磨中文机器速记化上的一大进步。相比 1953 年他发表在《中国语文》第 11 期的《从速记看拼音文字的优越性》一文，《汉语拼音打字速记法》所阐述的中国文字机械化，除了证明汉语拼音的优越性外，又以苏联“俄式速记机”为例，说明汉语拼音速记机的优越性。那是唐亚伟设计的最早的中文速记机方案。

速记机，在中国还没有投入使用，而在全世界的速记行业却已经使用了很多年。尽管北京语言学会决定印行他的《打字速记法》的修订案，加快了我国速记从手写进步至机械的步伐，但是，当时的速记机很不完美，存在着全世界打字速记机共有的缺憾。这不是他梦中的那台可以赶超世界水平的速记机。那么，他梦中的机器是什么样子呢？

第一次世界大战后，世界上就有了速记打字机。在凡尔赛和约会上，人们看到一位法国女郎在记录，她就像在弹一个小钢琴一样，不慌不忙地工作着，休息的时候她也跟大家一样喝咖啡跳舞，但所有发言者的话，都记录了下来。其时用的就是速记机。后来，美国对速记机改进了很多。机器速记机的原理各国大同小异，只是符号组织和键盘设计各国不同。再后来，日本人田中馆爱橘博士将这个小机械带回日本，研究所的川上晃根据日语的特点，设计了键盘和符号、略语规定，就是现在日本使用的速记打字机。

机器速记机具体解释起来，即：用特制的打字机进行略写的方法叫机器速记，这种打字机按一次能打出好几个字母，同时像普通打字机一样，也是运用普通铅字的印刷体字母，与速记简略法结合，用十个指头来按打。机械速记机要比手写速记快，是利用了普通打字机和“手写”速记的优点。

但是机器速记同手写速记一样，是优点与缺点并存的。因为是用十个指头操作，速记员长时间工作不会感到疲劳；机器速记是用印刷体字母打的，所以特制符号极少，速记原稿的认读也比较容易；学习期限短；现场记录后即不可以再更改。这些是其优点。与此同时，机器速记也同样有其不足：机器必须经常保持正常状态，速记机使用的专门纸带要有储存；在练习本、笔记本和任何普通的纸上不能使用速记机打；重点的阅读、审查、增补、修改速记原稿都不太方便，因为纸带长达40—60 公尺。①

速记机的这些缺点是公认的，也是多年来没有解决的问题。所以，它们都不是唐亚伟梦中的那台机器，因为它们与手写速记一样，都需要繁重而费力的事后翻

① 费觉敏：《机器速记不能取代手写速记》，《速记知识》，第 81 页，王阳明选编，北京速记协会出版。

译。往往，记录 3 小时的讲话，至少需要 6 小时的事后翻译，比如日文速记的翻译时间是记录的 13 倍。

梦中的中文速记机，要避免以上速记机的一切缺憾。也许近在咫尺，也许远不可及，它是什么样子呢？唐亚伟在温暖的春天里，任自己的思索自由飞翔，有那么多问题，等待他去解决，真是充实而具有意义的生活，想到这里，他欣慰地笑了。

第六章　再次奏起畅想曲

畅想

唐亚伟痴心将梦想成真。他很幸运，在70年代末期，电脑横空出世。美国苹果电脑渐渐传进了中国，不久，便有了汉字输入系统软件，随之电脑的应用开始在中国迅速地传播。电脑的问世，让唐亚伟立刻有了大胆的设想。这设想解决了长久以来打字速记机因存在的种种弊端而究竟是否有必要大力发展的困惑——完全可以跳过普通打字速记机，一步进入电脑速记化。如今站在速记史的角度来看，这设想是异常聪明和高瞻远瞩的，也是世界速记界罕见的。而这设想的实施中，会有怎样的艰难、怎样的困苦，是常人无法预测的。唐亚伟已近70岁了，他须再一次卓越地攀登。也许，他不知道人们描述这个年龄常用的一个词叫“夕阳”，也许，他根本就没有注意，即将西下的夕阳虽然多彩毕竟已近黄昏。因为每天的早上，他总是迎着初起的晨曦去上班，阳光在清新的空气中那么灿烂。这光明，这温暖，似乎永远给他欣欣向上的生机。

一九七九年，那是一个春天。
有一位老人在中国的南海边画了一个圈。
神话般地崛起座座城，
奇迹般聚起座座金山。
春雷啊唤醒了长天内外，
春晖啊暖透了大江两岸。
啊，中国，中国，
你迈开了气壮山河的新步伐，
走进了万象更新的春天。

这是那首著名的歌《春天的故事》。每每看到改革开放的日新月异，中国人就唱起这支歌，一直把它唱了30年。

这位老人，就是总设计师邓小平。唐亚伟无限地崇敬他。是邓小平把中国带进了一个崭新的、有希望的时代，也因此为唐亚伟创造了可以自由畅想的春天。中国，正如歌中所唱的，神话般、奇迹般地前进着。到了80年代初期，改革开放后的市场经济，人们对于时间、速度、效率的要求越来越高。唐亚伟深知，新亚伟速记机的设想必须符合这一趋势。凭几十年的沉积，电脑化速记键盘设计的雏形很快便出来了：通过带有速记符号的速记机与电脑连接，通过电脑中的翻译软件，即可快速译出汉字到屏幕上。这岂不是太完美了？完美得也许可以进入世界先进水平。

20 世纪 80 年代，美国的速录机问世了。因为速录机在“空军一号”上给美国总统做速录服务，成为美国速录师所骄傲与自豪的重大事情。也确实值得骄傲，因为这是速记键盘与电脑连线，用速记符号的快速方式记录，并在软盘上保存速录信息的一体化电脑速录机。

尽管雄心勃勃，此时的唐亚伟却还没有见过电脑。但美国速录机的问世，如同给唐亚伟注射了一针兴奋剂，他兴奋不已，证明自己把机械速记机阶段跨越过去、直接开发速录机的设想正确而可行。于是，他便时时自语着“他们有了，我们也会有的，一定会有的……”接下来，要制造出完美的速录机他必须得看看电脑，哪怕只看看样子也行。到哪里去找呢？

80 年代初期的中国，电脑完全是进口物品，使用者稀少，想看看电脑是什么样子也需费些功夫。他逢人便问，得到的回答不是说没有、就是很为难地说领导不许外人进“计算机室”。屡屡的碰壁，他却没有一点灰心。儿子的朋友们很多，他要儿子们都去想想办法。终于，在1983年，小儿子唐可为一位在中关村工作的同学所在的公司购置了一台电脑，又经数次的联系，这公司同意了他们父子去参观。机会来之不易，唐亚伟不禁喜出望外。一个烈日炎炎的下午，父子二人骑着自行车去了那家公司。进门后，儿子唐可为的同学迎上来，寒暄后，说，我们老板的意思是只能看看，不能动。做父亲的听了这话面色略显黯然，儿子忙打圆场，说，看看也行，看看也行。然后就伏在父亲耳边说，这总比连看都不让看强多啦，您就知足吧。

日思夜想的电脑，唐亚伟终于看见了，霎时激动得双眼蒙上一层泪花，他使劲把眼睛擦了又擦，这才近前去开始了一点点地观察。极仔细，极认真，没有放过一点细节。他从书包里面拿出纸和笔，弓着腰，伏在那台计算机旁画着，写着，虽然没有开机，整整一个下午都是围着这台电脑转，痴迷得不愿离去。

不久，唐亚伟的速记机与电脑连接的设想初步诞生了。这个设计把计算机与速记机两个方面的长处结合在一起，具有一切速记机的优点，弥补了其他速记机的短处。这使得中国速记人不必再去研发速记机，直接进入电脑速记化，这样可以节省大量宝贵的时间。它依旧是以50年代唐亚伟研究的并击式速记机为基础，须进一步开发亚伟专业键盘的多键并击，以达到简单快速，然后通过专业键盘接到电脑的一个串行口上，将软件装入微机就可以使用。这电脑化速记机如果成功，键盘应该做到每分钟轻松记录语言200字左右，甚至还要多，进入电脑一两秒钟后，即转换为汉字成文，呈现在电脑屏幕上，可使用通用的打字纸打印，可以达到“语落字出”，这是速记的最高境界了……

这样完美，唐亚伟陶醉了。从15岁对速记产生兴趣，已经60年过去了，自己从未离开对中文速记的研究，虽然心中也有春风得意时，却从来没有这般尽意的酣畅。

日本之行

1985年日本速记协会发来邀请，希望与中国速记学者进行深层次的交流。

闭关锁国了几十年的中国，要出去看看这世界到底是什么样子，成了每个中国人急切的愿望。就唐亚伟而言，他太想看的是速记机。速记机在国外已经发展了很多年，如今他们的水平和速记行业都开展了怎样的研究，以及外国人目前使用速记和速记机的情况如何呢？汉语速记虽然只局限于汉语使用者，但技术与使用市场是没有太大差别的，唐亚伟迫切想要知道这些，对此行寄予了极大的热望。

唐亚伟以北京速记协会理事长的身份作为团长，率领北京速记协会常务理事高铮、黑龙江省文秘速记协会副理事长颜廷超、江西省速记研究会副理事长陈荣滨，组成中国速记友好访日团，于 1985 年 12 月 9 日启程首次访问日本。日本速记协会的友情邀请，只寄来了单程飞机票的款项，回程的机票日方不予承担。回程机票，这在 1985 年的中国算是一笔不小的支出，这次日本之行属民间交流，国家不负责，刚刚成立的北京速记协会根本没有这笔钱。唐亚伟等人算了又算，决定先坐火车到上海港，再坐船到神户港，然后再赴东京参加在那里举行的活动。访问结束再从神户乘船返回上海。这样虽然要在海上颠簸数日，但往返的路费基本解决了。到达日本神户港当晚，日本速记界在大阪心斋桥的中国饭店“大成阁”举行欢迎宴会。后来的几日，举行了多次中日速记学者座谈，日本速记人士向唐亚伟等人介绍了国际速记联盟的会议和组织情况。

这是打开国门后，唐亚伟第一次知道了国际速联不仅进行速记和打字的竞技活动，还有理论研究和讨论。赶超世界水平，必须与国际速记界保持交流与学习，这是他心底的夙愿。在东京日本速记协会举办的“中日友好国际速记会议”上，日本早稻田大学教授武部良明向中国速记学者介绍了日本速记的历史与现状：“日本速记是从 1882 年田锁纲纪开讲习会开始的。在口语和文语不同的时代，国会的记录是要把发言的原话直接记录下来，这使速记得到了发展。1951 年东京通信工业出售录音机，宣传用录音机替代速记，可是，录音机只是把声音照样记录下来，它不是把声音文字化的机器。我们速记工作是把所听到的语言转变为文字的工作，我们速记的工作到什么时候都会作为人类的一种工作而保留下来的。”

给唐亚伟留下极深印象的是，日文速记机已经被新宪法规定为司法过程中记录的工具。

在大阪地方裁判所（法院），中国代表团旁听了法院审理案件，全过程为速记机记录，速记已在法庭记录方面得到高度普及。在法庭正中审判长席下边，有一个随着审判的进行不停动笔记录的人。这个人叫法庭书记官，是开庭时在现场记录、并负责整理有关记录的人员。为了正确的判决，必须做准确的记录。法庭进行民事或刑事判决的法律程序，当事人与证人、鉴定人的陈述，必须准确无误地记录下来作为法官判断的资料。这种记录是证明判决是否按照法律规定的方式进行的唯一重要文件。为此，法院的记录改成了由速记员用机器方法来记录，记录方式是把各方面陈述逐字逐词毫无遗漏地记录下来。

因为机械速记机记录现场如何进行的资料，是无法更改的，这就为法官正确无误地判案提供了至关重要的保证。基于此，尽管速记机存在着诸多的缺点，与手写速记相比较，这一点是速记机最为重要的优点。

过去日本的法院书记官记录，都是记录所谓的要点，新宪法实行后更加重视法院的使命，为了维护国民的基本人权，大大改进了审判程序，必须更详细、严谨地记录，使得速记记录正确而迅速地全面展开了。在日本进入法院的学生先在速记部学习两年，主要学习使用机器速记机，毕业后分配到各法院作为候补速记员，在法庭实习一年后经考试合格，才可任命为法院速记员。在诉讼时，社会上各种现象都会在法庭上反映出来，所以，把法庭执行法律程序的过程和相关人士的陈述内容即时用速记机打下来，作为用于正确裁决的记录实在是不容易的，因此速记技术自不待说，速记员还必须有丰富的法律知识和较高的文字修养。也因此，日本法院在培训法院速记员时，对学员的学习和考核要求极严格，同时规定学员可以得到比一般业务员高很多的薪金待遇。[①]

---

① 刘泽先:《日本法院速记员的培训》,《速记知识》, 王阳明选编, 北京市速记协会出版。

中文速记用于司法的情况，在“文化大革命”前，虽然政府没有制度要求，但有一部分法院已经开始使用。随着后来速记的销声匿迹，法院使用速记也就此止步了。速记机在日本法院的使用情况，不能不让唐亚伟想到中国。此时，中国“文革”已经结束了十年，被打乱了的各个领域正在快速恢复着，中国的司法要求开庭审理的法庭记录是要当事人签字的，这样，记录审理中的所有语言也成为必需的程序。使用一种快速的速记机会胜过所有的记录方式，全世界人口最多的中国，必定要走这一步，对此唐亚伟深信不疑。但是，所有的速记机，包括日本现时使用的速记机，虽体现了现场打字迅速的优越性，其缺点也极明显地并存着——那就是事后需要进行翻译。将现场的话语用速记机打下后，所记录的依旧是速记符号，必须翻译成文字才能成为人人读得懂的文件资料，这翻译的工作量是巨大的，与手写速记不相上下。而且，还要专用机械、专用纸张。显然，这种普通速记机不是最先进的。这缺憾，同样也是日本速记者的心病。从事速记机器化向情报化发展研究的日本大和速记文书处理中心社长津田弥生谈了“速记革命”的设想，他说，翻译速记原稿花费的时间是记录时间的12倍，用电子打字机翻译也需三四倍的时间，确实需要考虑开发更为先进的技术。

唐亚伟的脑海里，再次浮出那台电脑，那台以字母进以汉字出的电脑——中国速记操作员，耳听声音，手指操作着小巧的速记专业键盘，双手流畅地击打着，屏幕上即呈现出一行行汉字——那才是他设想的最完美的电脑速记机。他把它放在了心的深处，只有在安静的时候，才细细地品味它，琢磨它。回国的船上，唐亚伟眼睛看着放在包里的日本速记机，心却飞得很远很远。他久久地思索着。

在日本夏普公司的陈列室，唐亚伟看了“音声电脑”的展示，他也很感慨，原来只是听说在研究，是否成功还半信半疑，这次看到了，印象深刻。记得日本同行说，要用10年时间研发速记电脑化，屈指算算，当是1996年完成。十年，这时间似乎太长了，想到这儿，70岁的唐亚伟微微摇了摇头。在告别仪式上，唐亚伟以他一贯委婉的方式，告诉日本速记界人士，中国速记要进入国际组织，并且会加快研发中文速记的步伐。

站在回国的船上放眼望去，是浩瀚的大海，自己置身于这巨大的邮船中，像一片叶子漂在上面，随海浪上下颠簸着。他情不自禁地想起了20岁在母校三育大学，曾望着滚滚长江水，吟着“滚滚长江东逝水，浪花淘尽英雄，是非成败转头空，青山依旧在，几度夕阳红”，立下了要为中国速记奋斗终生的誓言。抗战胜利后，唐亚伟又回到了一片废墟的三育母校，站在被日军撕啃过的残砖碎瓦上，望着呜咽的长江，攥紧了拳头再立誓言：重整旗鼓，努力创造更美好的未来。至今，50年过去了。有多少英雄人物从他身边匆匆而过，他们为国家或激昂，或奋发，成与败，自有历史评说。而自己呢，几经大浪淘沙，为中国做出最完美的速记机还没有成功，前面到底有多少荆棘险阻无法预测，然值得庆幸的是，青山依旧在。一定要和日本同行赛赛跑。

唐亚伟再次踌躇满志，这次与20岁、30岁时相比，70岁的他，笃定自若，宛如屹立在山顶的一棵苍松。

为了梦想成真

将本国语言用速记符号方式快速输入电脑，译成本国文字呈现在屏幕上，跳过了速记机这一环，直接进入电脑速记机，其先进与实用性是不言而喻的，但，它也是世界性的一个难题。

1986年，苏联发生了切尔诺贝利核电站事件，由于核泄漏造成的核污染之严重，举世震惊。该电站4号反应堆发生严重泄漏及爆炸事故，大约有1650万平方千米的土地被辐射。后续的爆炸引发了大火并散发出大量高辐射物质到大气层中，涵盖了大面积区域。这次灾难所释放出的辐射线剂量是广岛的400倍以上。事故导致31人当场死亡，上万人由于放射性物质的长期影响而致命或罹患重病，至今仍有被放射影响而导致的畸形胎儿。在观点相反的调查中，以环境保护绿色和平组织的结果最令人震惊。该组织于2006年4月18日发表报告称，切尔诺贝利核电站被炸事件导致27万人患癌，因此而死亡的人数达9.3万。

且不论哪种报告准确，核泄漏给人类造成的危害是人类必须解决的。如何防范，研究发生原因是首要的。关于这次事故的成因有多种解释：第一个是归于核电站操作员，第二个则是认为事故是由于压力管式石墨慢化沸水反应堆（简称RMBK）的设计缺陷导致，尤其是控制棒的设计。一时众说纷纭。为了厘清原因，据媒体报道，当时的总书记戈尔巴乔夫召集负责核技术的高级专家，召开政府官员会议，分析爆炸原因。参加会议的有二三十人之多，会议记录厚达数百页，记录了当场所有的辩论与阐述。解密后的结束语说，会议记录为速记所成。毫无疑问，这份会议记录给世界防止核泄漏提供了极宝贵的资料。25年后，日本福岛核电站因地震而发生核泄漏的重大事件，该记录的解密，为这次日本核泄漏事件的解决，提供了重要启示。

唯一遗憾的是，1986 年俄文电脑速记没有问世，保存的依旧是速记体版本，虽然事后翻译为俄文，但作为原始资料，一旦今后的历史没有了精通俄文速记符号的人，若干年后进行阅读，将是件很困难的事情。这是一个遗憾。这样的遗憾不仅体现在切尔诺贝利核电站事故的速记资料，此类的珍贵资料，如第二次世界大战中的战事情报资料，同样存在这样的遗憾。中国清末蔡锡勇先生在 1886 年发明的蔡氏速记，由于没有得到充分全面的发展普及，如今能使用者已然不多，所以要翻译当年蔡氏速记为晚清政府国会记录的资料原文，同样，历史的长河匆匆，也是件很困难的事。

中文速记亟待发展，为了把浪费了十多年的时间抢回来，中文速记事业在各方面的努力下，以争朝夕的速度前进着。

1987 年 7 月 9 日，华夏研究院速记信息研究所在北京成立。这是我国第一个全国性速记学会研究机构，是我国速记发展史上的一件大事。速记信息研究所是华夏研究院下设的第 12 个研究所。研究所的方针是高智力与高实力相结合。张长松任所长，唐亚伟任名誉所长。副研究员。

1989 年 3 月 18 日，中国中文信息学会速记专业委员会成立。它的成立标志了我国速记学术进一步科学化、现代化的开始。唐亚伟、张长松任学会主任。

1993 年，7 月 12 日，经民政部批准，中国文献信息协会成立。这是全国性一级速记学术团体。唐亚伟任中国文献信息速记学会会长。

1993 年，唐亚伟以团长身份率代表团参加在土耳其举办的国际速记打字联合会（简称国际速联）第四十届大会。大会正式通过中国文献信息速记学会作为中国合法的全国性组织代表中国加入国际速联，成为该组织第 36 个成员国。中国速记终于进入了国际组织。从此，我国作为成员国，每两年派代表团参加国际速联举行的年会。

中文速记从此正式走上世界舞台，了却了唐亚伟的一桩心事。在完成了这一系列事情之后，他立即回归到中文速记机的研发。他的心里清清楚楚，和世界先进水平比较，他的使命还远远没有完成。

电脑已经解决了汉字输入的问题，随之又逐步发展了多种汉字输入法，令中国人可以用汉字广泛而有效地操作电脑。但是，这不等于解决了汉语信息输入的“瓶颈”问题，即：速度。因为一键一击，无论使用拼音方法或五笔方法，每分钟最快速度也不过记录 60 个字左右，这速度远远解决不了处理大量汉语信息，以满足新闻采访与发布、外交会谈、重大事件讨论、法庭记录等等的需要。电脑的汉字输入让唐亚伟看到了键盘怎样转变成为汉字，尽管还只是非常简单的中文打字机，随之他想，既然通过五笔字型或者拼音能够转变成汉字，那么编写一套速记编码，每分钟至少记录180—200个以上语言音节，由计算机直接将编码“翻译”成文字，就可以实现电脑速记了，速记符号再翻译的问题就解决了。

如日本同行说的，录音机从20世纪80年代在中国开始盛行。录音后再进行记录，是否可以替代速记？一时成了中国以至世界速记学者需要论证的问题。这比论证打字速记机的时间短了很多，只经过了几年的时间即得出结论：录音机并不能替代速记机。因为在电脑出现前，世界上使用速记机记录语言已经将近一百年，很多国家就是在90年代后也一直在使用速记机，而录音机是新生事物，人们对它的性能了解不多。虽然它们的共同之处都是记录语言，但录音机只是把声音如实地记录下来，无法把它变为文字。而速记所记录的不仅仅是语言，还可变为可读的文字，这是录音机无法办到的。录音机另一个缺憾是，照单全收，将会场的其他杂乱声音也同时记录进去，为后来的翻译造成很多困难。一些发达国家录音机早已普遍使用，速记机却仍旧发达，学习和应用的人踊跃，这就证实了两者的使用功能是完全不同的。[①]

要开发电脑化速记，舍弃打字速记机以及录音机等，一旦成功，将是对中国速记以及世界速记具有深远意义的突破。

中国在1986年出现了采用通用键盘[②]汉字输入，借鉴了唐亚伟1953年发表的“打字速记法”，一键一击，速度上得到了一些提升，但作为速记形式发展起来很困难。“打字法速记”也许为许多转换为汉字的键盘编码提供了基本理论基础，但依旧未能达到速记要求的记录速度。

所以，对于专用中文速记机键盘的设想，一键一击，唐亚伟早已舍弃了，因为那不是最完美的。要开发更快速的多键并击编码，他足足设想了30多年，所用的烟盒与硬纸可以装满半间屋子。那时这世界没有电脑问世，他设想的还是研制中文速记机。由于改行，由于政治运动的制约，使得这研究的进行缓慢而艰难。即使

---

① 费觉敏、关彤、唐可为：《中文速记》，第12页，北京师范大学出版社，1994年6月出版。

② 通用键盘：1. 是以计算机通用键盘上的字母、数字、标点为码元设计编码方案；2. 计算机限定一个单位码长为4，所以一个单字的编码，双音词、多音词的编码码长极限为4；3. 要求在录入的同时，必须转换成相应汉字，而且能自动区分同音字、词。

这样，他要研究的中文速记机，也必须是最科学的、最具先进性能的。

在50年代研发键盘初始期，唐亚伟首先对人脑的潜力和手指功能进行了深入研究。他发现，人脑的潜力是巨大的，一般人所用到的脑力只不过是全部脑力的百分之四左右，如果人脑的潜力能够发挥到百分之十，就是了不起的人才了。据现代科学的研究，手指活动可以促进人脑的发展，右手活动促进左脑发展，左手活动促进右脑发展。一般人常用右手，因此左脑比较发达，我们如果两手并用，可以左右脑同时发展。而且，左右脑相加的功效，不是1+1=2，而是左右脑单独使用的十倍。

所以，唐亚伟后来设计的专业键盘，只有24个键位，12个符号，两手各操作12个键位，多键并击就是充分发挥手指的生理功能和人脑的潜力，用手指促进人脑的发展。一只手可以同时打几个键，输入一个完整的音节（一个汉字），汉语共有410多个音节，两只手同时并用，可以一下打出两个不同音节（一个双音节）。他创造性地设计出一个方案，用一只手的各个手指分别打声母和韵母，完成一个音节，两只手正好是两个音节，击键一次就可以完成一个双音词，这样操作是不是两只手太忙？他又想到了弹钢琴，既然弹钢琴可以一只手弹主旋律，另一只手弹和弦，甚至可以交叉弹奏，那么，电脑速记完全可以采用双手同时敲击键盘。两只手同时敲击键盘，记录速度便大大提升了。这个设想必然抛弃现有的计算机键盘，也抛弃了现有的一切敲击方法，如当时已然问世的美国速录机，24 个键的分布为一只手 10 个键、另一只手 14 个键，打出的是词。而唐亚伟这 24 个键是每只手 12 个键，打出的是音节，多键并击，一只手打一个字，这只有单音节的汉字才可以成立。凭着深厚的速记功底，丰富的编码能力，扎实的拼音功夫，唐亚伟要为中文速录机设计一个科学、实用且极具创造性的专业键盘。

按唐亚伟的设计，每分钟 100 击，就可以输入 200 个音节（汉字），其速度已经超过一般汉字输入方法。如果加上省略方法，其速度就更为惊人了，而且多键并击的设计方案使劳动量大大减轻，长时间工作不致劳累。

双手同时按几个键，多键并击，待连到计算机，形成电脑速录机，一击可以打出多个汉字，速度绝非一键一击的通用键盘可比。成功后，舍去了研发中文速记机的时间，两步简化成一步，实现了电子速记化。在专业键盘上，左右各 12 个键位，共 24 个键位，操作时两手各操作 12 个，可以一击只按一键，也可以一击同时按 2 键到 6 键，并且可以左右两手同时并击，一下可以打出两个或更多个汉字。击键从容，只需每秒两击或三击即可。而且多指并击，一击多键，如同弹钢琴一样轻松，改进了汉字普通键盘操作的一击一键在快打时手指如飞的非常紧张的状态。

方案的形成是根据1953年的亚伟速记机设想原理，即，汉语拼音化的“打字法”和“速记机”，以及1959年改进的《汉语拼音快速笔记法》、至1979年再改进的《汉语拼音打字速记法》逐步演变而来的。这套与电脑连接的方案，与现代化结合得更紧密了。这一系列的改进，唐亚伟试验所用巨量的硬纸键盘不说，就木头的键盘模型，磨坏了十几个，手指皮肤也随之一层层脱落，……

似乎已然就绪，却还一片渺茫。设想了30年的方案并没有进行过实际试打试用，一切尚还停留在纸上。尽管这已是30年的研究成果，是倾其心血与精力的结晶，但，每一个完美的东西，都是通过一步步严酷的考验来完成的。这就要进行大量的实际操作试用，而不是一两个人的试用，它需要年龄、性别以至学历等各不相同的几批人来试打。通过这样试打，发现普遍缺陷，再修改，再试打，直至成功。

初步算算，要做的事情有：第一，键盘的合理性需大量的人来实践，要集中速记员试打，以听、手指和脑并行，探索其要求达到的速度的合理性。第二，将速记符号输入，通过电脑翻译，在瞬间转换成汉字，需要搞出一个软件。第三，带速记符号的键盘与电脑的连接，要搞出一个像打字机一样的机器。

1985年访问日本时，日本速记界人士说从1986年起要用十年研制电脑速记化，这话，唐亚伟牢牢记在心里，从那时便开始了和日本速记人的赛跑。在1953年开始研究速记机，至1959年的《汉语拼音笔记法》发表，速记键盘编码又经反复修改的几个方案，大致成熟，到了1979年，“文革”结束后发表的《汉语拼音打字速记法》在理论上则更加肯定他的这种专用速记键盘编码的可行性。这些研究奠基了亚伟中文专业键盘编码的基础，大大加快了唐亚伟电脑速记开发的进度。

键盘和联机设想均已成熟，到了开发的时候了。此时是1990年，离日本速记人提出的1996年还有六年的时间，75岁的唐亚伟不能再等待了，必须尽快开发，他认为这是他的本分，势在必行。于是，他骑着一辆破旧的自行车，奔波在北京的大街小巷里，无论炎炎烈日，还是寒风刺骨，他要找到为这个项目提供资金的人。执着地寻找，也曾见到过几个动心的投资人，成功率却很低。因此，唐亚伟就更加努力而频繁地接触更多的人，以盼早日谈成功。唐亚伟不会算钱，他并不知道开发这项目到底需要多少钱，更不知道会有多少回报，因此他与人商谈时，首先表明他自己是不挣钱的，只要开发出来满意的机器就行，至于分红、股份，则是从没谈及过，因为对于经商，他的头脑里没有丁点意识和概念。至于成功后的机器怎么卖，他也一点没有想过，唯一明白的是要培训使用者，要办速录教育。

有一个声音总在告诉他，自己是将近80岁的人，不允许再等待了。于是，他终日不停地忙碌与奔波着。

80年代末期，唐亚伟接到一位美国友人詹妮芬女士的信函，在信函中讲美国速记协会刊登了一篇文章，文章谈及“美国司法代表团到中国进行一次全面的交流活动”，当时与中国的法院系统相关单位做了全面接触，唯独随团访问中国的两名资深速记师没有找到计算机速记的交流对象，他们在文章中得出了这样一个结论：“中国没有计算机速记。”但是，这位美国友人詹妮芬女士知道中国有速记，而且还知道唐亚伟就是从事这方面研究的专家。“来函的目的是希望我能够在国内搞一些计算机速记方面的研究，并发表相关文章和美国速记界交流”，唐亚伟看到了这封信函后，马上以北京市速记协会理事长的身份，向最高法院提出了关于速录机能够解决庭审记录现代化的建议。最高人民法院办公厅及时给予了答复，答复是这样写的：“如果您能够研究出速录机，并能够记录庭审内容，我们愿意在法院试用并推广。”这个回复，让唐亚伟兴奋至极。之后，便是更加不顾一切地勇往直前。

就在一个大风天里，骑着自行车的唐亚伟摔倒了。儿子们闻讯赶来，送到医院。医生的结论是轻度脑出血，唐亚伟时年76岁。昏迷状态的他几乎不认识面前的人，但口中却喃喃不停地说着什么，儿子们以为是在叫他们，却怎么也听不明白在叫谁。唐亚伟似乎着急了，儿子也就更着急了，伏在父亲的嘴上，屏住气听着，猜着，终于，辨认出只有两个字。于是，再集中全部注意力细听，听着，听着，儿子不禁落泪了，父亲迷迷糊糊说的两个字或三个字是“速记”或“速记机”。唐亚伟，他们的父亲，到了生死攸关时，心里唯一放不下的，只有速记这件未了的事。

唐亚伟的五个儿子那时各有自己的事业，长子唐可智在合肥工业大学任教，次子唐可亮也在教书，三子可立、四子可容及小儿子可为都有稳定的职业。父亲在昏迷中念念不忘的事业，如不成功，父亲将抱憾终生。此情此景怎能不打动他们呢？死去元知万事空，但悲不见九州同。陆游的《示儿》正是父亲要与他们说的话。

可智在大学工作之余，一直帮助父亲寻找软件设计的合作者，并且参与了很多速记的教学撰写与方案设想。可立是北大中文系毕业的，业余时间也进行了很多速记方面的编辑，可为最小，和父母在一起的时间也最长，在1980年亚伟速记恢复招生时，便参与教学和编写资料。他们是在速记的环境中长大的，不用刻意教，每个人的身上都与生俱来地聚集着速记细胞。困难时期，唐亚伟和戴志贞上下班衔接不上的时候，就用速记符号给对方留个纸条，告诉对方把吃的东西藏在了哪里。那时每顿饭必须要定时定量的，如果被谁多吃了，下顿饭的定量就会不够。留速记纸条的这方法并没有使用两年，十来岁的儿子们相继可以破译，然后成功地把吃的找到。

说到小儿子唐可为，已然70多岁的唐亚伟非常希望他能继承自己的速记事业，因可为天生口才好，喜欢动脑筋，很像当年的自己。此时，唐亚伟已经时时感觉自己心有余而力不足了，于是，就在一年前开始说服、动员小儿子辞职，做速记的培训与推广，但被儿子委婉地谢绝了。唐可为排行最小，不像几个哥哥很早就离家下乡，他一直生活在父母身边，还是孩童的他就在父亲的指导下学习亚伟速记。应该说，有的时候是强迫性的。50年代后期出生的唐可为，不太可能与唐亚伟这一代极具使命感的人完全相同，他自有他的理想和当代人的性格，因此对速记很早就产生了逆反，以致后来提起手写速记就头疼，更不要说现在要开发的速录机了。他认为这个行业可能有很大的局限性，速记终归是在比较小的圈子里推行。所以，任凭老父亲如何使劲劝说，软硬兼施，唐可为就是不接受父亲的要求。

当唐亚伟摔倒后在医院的病床上已经不认识人了，仍念念不忘速记的那瞬间，唐可为的心灵受到了极大的震撼。后来经过及时治疗，虽然父亲很快恢复了健康，但唐可为的内心却依然难以平静。他深深感到速记是父亲全部的精神支柱，回想起那个时候自己是怎样地搪塞、敷衍，作为儿女真觉得对不起父亲。就是有天大的理由，也不能抛弃父亲对他的期望。

儿子们被父亲感动了，他们下了决心，来帮助父亲完成速记梦想。次子唐可亮，辞去教师职务，小儿子唐可为也辞去了工作，他们要帮助近 80 岁的父亲完成他未了的事业。不料想，不当教师转入速录机事业的唐可亮，就此脱颖而出，显示出极高的经营天赋，以他杰出的市场策划才能，加上唐可为雄辩家般的推广才能，将亚伟速记电子化推上了一个崭新的阶段。初始，还有重量级的一笔，须在这里加以浓描。那就是与唐氏合作的另一位重要人物出场了，即，当时名列中关村 IT 行业五十强第三十位的北京晓军电脑公司董事长雷虹。由于雷虹大笔资金的投入，亚伟速录机的开发试验得以正式启动了。

追赶声音

1993年春节，正月初二，在朋友家里唐可亮遇见了雷虹。在座的朋友都是经营着大小不同行业的老板，唯有唐可亮是一个教书人。所有的人听了唐可亮关于中文速记机电脑化开发的总设想，以及这个项目正在寻求投资资金的情况后，开始了纷纷议论。雷虹的晓军电脑开发公司就是软件开发起家，对此他太了解了，有没有前景暂且不说，投资几十万也许就像打个水漂。雷虹的母亲与戴志贞是同一个小学的教师，有着不俗的友情，这且不论，唐伯父倾其一生来实现中国速记事业赶超世界水平，实在令他感动。聚会还没有散，他便起身拉唐可亮拜会唐老先生去了。

正月初五，雷虹又一次来到唐家，告知决定投资开发“亚伟速录机”这个项目。唐亚伟听了，高兴得不知如何是好。

实际上，将速记商品化，对唐亚伟来说需要很大的一个转变。把速记只停留在教育层面上，不会有大发展的，所有的事情必须符合如今的市场经济，与时俱进。亚伟速记进入商业化领域，终身搞教育的唐亚伟接受了，这又是他的一大进步。

在雷虹资金的投入下，为开发亚伟电脑化速记机(后定名“中文速录机”)，北京晓军办公设备有限公司正式成立了。唐亚伟为董事长，唐可亮为执行董事长，唐可为任总经理。在中科院化学所包租了一栋小楼，一个集软件开发、硬件开发、键盘编码试验为一体的团队就这样成立了。

1993年的中秋节，雷虹的资金支持逐渐到位，一个研发试验的团队，在科学院化工研究所的一幢小楼里开工了。

软件系统开发得到了北京航空航天大学计算机教授、同是华夏速记研究所研究员的刘源的强力支持。刘源由于有病在身，其学生、计算机硕士谭强主持开发。硬件系统开发由时任华海商业数字科技公司高级工程师的梁国柱担任。键盘编码训练试验，由唐可为负责，参与实验训练的教师有费觉敏、韩珠璇等。全盘项目的总负责为唐可亮。

为键盘编码试验，招募了16岁至32岁不等、初中文化至本科文化不等、男女共十名应聘者，开始封闭式试打。首先唐亚伟给每人发了一张上面画了24个符号的纸，先在这张纸上练打。熟悉阶段过去了，由硬件方面提供了一个木头做的三层模拟键盘，上面共有24个键，左右手各掌握12个键，左右键符号相同。往下按击，这时真正进入了键盘试打阶段。整个试打期间，老师们，包括唐亚伟都是在一步步的改进状态中，这是一个崭新的探索，因为中文速记机在中国从来没有问世过，速记的键盘实际操作没有任何经验可以借鉴，所以，如何击打，手型如何安排，都是从未有过的全新探索与研究。

唐亚伟30多年中的研磨，是在纸上与木头盒子上进行的，是以合理性及科学性为主的试打。现在要以机器的形式进行速记键盘操作，再要经电脑识别转换为汉字，这是一个不小的挑战。他在与团队共同实验了一段时间后，总结说："不要有束缚，什么是打击标准，以适合自己为上，不要模拟外国速记打字的方式，不实践是不会知道哪种是最好的。"这一说法，再次回归了他从事中文速记的本来初衷——去创造最好的。包括键盘的尺寸、键的布局排放和键盘工作时的倾斜度等，都要做精心的设计和科学的计算。

王芳是中国速录师史上的第一批学员，她回忆说，刚开始，老师也不知道指法到底是怎么样，怎么才合适，就是我们自己把手放在纸上试，看看是平着搁合适还是侧着搁合适，还是弯着搁合适，就是凭感觉。她的这番话足以说明，中文速记符号的键盘应用，唐亚伟做的是古今第一例。

怎样达到每秒平均 2.4 击，每分钟 200 字以上，绝不是仅凭手快决定的。唐亚伟在这期间对键盘编码总共修改有几十次之多，他的键盘只有 12 个符号，即使双手并击也是这 12 个符号，要找出如何科学地击打，是他的又一次探索。省略法本是速记中的常用原则，是一种经过取舍的简略方法。唐亚伟这次要重新取舍，反复排列字母。当时没有计算机参与筛选的情况下，经几个日日夜夜，决定放弃“1、2 省略法”，采用“1、4 省略法”。如“改革开放”，取“改革”省略了“开放”，电脑识别出现的误差会较多，如果取“改放”，电脑识别就会识别为“改革开放”，1、4 的省略法识别效果最好。

这个团队可谓精兵强将，但唐亚伟深深知道他们是运行着的行星，每个人都须围绕着自己转，因此，78 岁的唐亚伟几乎不离开实验场地，毕竟中国没有人从事过这方面的研究，没有一丝一毫可以借鉴的，他是创造者。再没有其他捷径。他深感中文速记机研发到了这一步来之不易，他珍惜，像珍惜生命一样。发展中文速记，天降大任于斯，60 多年，心，一天不曾离开过，如今离成功只几步之遥了。他用自己的心血，一滴一滴灌注着这个速记机，只要它完美地出现了，耗尽自己也在所不惜。

终于，开始试用铁制的键盘，这与真正速记机键盘相仿的阶段到了。这个铁制的速记机键盘的设计和制作，同样经过了无数次试验，对一般人手指活动范围进行了精心计算，得出既符合男士操作又符合女士操作的键盘布局，按手指活动范围，键位分为上中下三排，上中排各 10 个键，下排 4 个键，每次击键，以每组手指全部抬起为一击，并自动空格，这样就达到字词分明，便于识别。后来事实证明，这是适用的。以普通话的标准，声韵码的安排要符合手指活动要求，频率较高的音码对应较灵活的手指。大量测试的数据证明，手指灵活度的排次为：食指，拇指，中指，无名指，小指。键码组合以音节频率高低进行安排，是科学的组合。录入人员完全是听音打音，不受字形、笔画影响，加快录入速度，键盘编码采用的是拼音输出方式，实现了由“语音流”形成“汉字流”的无障碍听打、想打录入。这不仅科学，也是史无前例的独创。

随着试打，硬件的试用与修改也同时进行。从一张普通的纸，到硬纸做的键盘，到木头键盘，再到铁键盘，这一系列的试打，直至唐亚伟比较满意，几个月的时间过去了。接下来进行一系列电脑连接试验，软件设计人员根据键盘编码的输入，使软件系统快速识别，将其转换为汉字。

1994年冬春之际，全国流行病毒性感冒，面积很大，得感冒的人很多，唐亚伟在劳累中不幸被染上，而且肺部大面积感染，住进医院进行抢救。隔壁床的一个外地的青年，只有30多岁，就没有熬过这次感冒的打击，去世了。79岁的他却挺了下来，因为当时速录机第一期实验班正在紧张地进行实质性培训，就因这念想儿，这期盼，过于强大，使他顽强地与病魔抗争着。学员的每一个进步，都给予他战胜病魔的力量，身体竟奇迹般地恢复了。唐亚伟记得最清楚的一天，晚上可为来了，对父亲说："我们已经有学员突破每分钟300字的大关了。"唐亚伟只觉得身子震动了一下，脱口而出："真不容易啊！研究了几十年的方案一直盼望着这一天的到来；速记没有速度就失去了灵魂，每分钟300字是一个大的关口，一旦突破，速录机可以讲是成功了。"

新研制的电脑速记机正式试车，大获成功。中国第一批速记员中，有人能以高达每分钟180—200字的速度，经电脑将声音语言又以一秒钟之差转换为汉字展现在屏幕上，做到了唐亚伟梦寐以求的"语落，字出"。人们雀跃了。中国的电脑速记机成功了！此时，唐亚伟静静地站在速记机前，仿佛在凝视一个自己刚刚出世的孩子。

以美国速记机操作员的培训时间为两年看，只进行了一年时间训练的这批年轻人，是大有潜力的。事实证明，这批速记员中的王芳、王培，在一年后每分钟可以达到 240 字以上，成为中国第一批追赶声音的人。

时值 1994 年，在美国于 20 世纪 80 年代发明了电脑速记机后，中文电脑速记机相继在这个世界问世了。唐亚伟与日本速记人的赛跑，显而易见，他赢了。亚伟中文电脑速录机问世后，意大利、英、法、保加利亚、日本、韩国也陆续在 90 年代后期实现了采用专用键盘，即多键并击的电脑速记机。

在 1996 年的电脑速记比赛中，速录员的看打、听打，把汉字录入的平均速度提高到每分钟 250 字，远远超出每分钟 180 字的平均语速。

唐亚伟亲自为追赶中文声音的这台速记机起名——“亚伟中文速录机”。

第七章　亚洲矗立起一座雄伟的大厦

美丽的亮相

1994 年 5 月，北京展览馆。1994 年度计算机展览会正在这里如火如荼地召开。有一个展厅尤其火爆，人头攒动与阵阵喝彩声吸引了更多参观者前来观看。

只听得扩音器里传出现场观众在读报纸的声音，读音与读速符合广播电台专业的朗读要求，台上面坐着一个小姑娘，耳朵听着，双手在一个小巧的机器上快速地翻飞着，再看一边的电脑屏幕上，立刻现出了汉字，人们用耳朵听和肉眼看，声音与汉字几乎是同步的，即“语”出“字”出，这太稀奇了！人们被这奇迹吸引了。这不是录音机和打字机可以做到的，这是什么机器呢？人们按捺不住好奇，情不自禁发出一片片赞叹声。

亚伟速录机，第一次亮相了。场场爆满，受到各方面人们的赞美，尤其是新闻、出版、公检法部门。这里面不乏明白人，知道这是外国早已盛行了几十年的速记机，但国外的速记机还需要再翻译，而这台速记机的先进之处正是声音与文字可以同步，人们也许不知道，由于它的诞生，使中国在速记机方面一步跨进了世界先进水平。

1994年11月23日，在中央党校主楼会议厅，中华人民共和国劳动部职业技能鉴定中心主持召开“亚伟中文速录机”职业技能与技术鉴定会。经专家鉴定，一致认为“该产品属于国内首创，并达到国际先进水平”。“亚伟中文速录机”通过鉴定。中央电视台“新闻联播”栏目，新华社、工人日报等各大报纸对此进行了报道。

1995年8月第四次世界妇女大会在北京召开，晓军公司无偿地为大会提供服务，从各地选拔优秀速录员再配以亚伟速录机，以高质量、高速度承担完成了大会的记录工作，获大会组委会颁发荣誉证书。此后，各地报纸纷纷报道了亚伟速录机。电视台、广播电台也陆续多次报道关于亚伟速录机的新闻。

1995年，国家科委成果办做出决定，向全国推广国家级新技术产品“亚伟中文速录机”，并且于同年10月20日在北京图书馆报告厅和多功能厅主持召开大型成果推广会，参加者近万人。所有的大会发言，当场用速录机录入，打印，装订成册，会议发言结束不到一小时，便分发到人手一册。亚伟速录机的优秀性能，给与会者留下了深刻印象。

1996年，国家科委（国科发计字〔1966〕049号文）批准："亚伟中文速录机"列入"1996年国家级火炬项目计划"（项目编号；96D2311D600041）。由此，"亚伟中文速录机"取得了国家专利。

场场热闹非常，速录机的名声与日俱增。在一片成功的掌声中，在速录员如飞的击打键盘声中，开发商决定投资生产2000台。但是，令唐亚伟万万没有想到，"语音毕、文稿出"的喜悦并没有持续多长时间。

一年下来只卖出了7台。人们都觉得速录的效果很好，好得不能再好，令人耳目一新，可与此同时，又觉着这东西也真奇怪，到了卖的时候，好奇归好奇，惊叹归惊叹，他就是不买了。原因其实很简单，由于速录机是和电脑结合在一起使用的，当时的计算机用户还比较少，自然给推广带来很大的难度。另外，他们也很难招来学速录的学员，因为人们实在看不到这个行业就业的前景在哪儿。至1994年底，公司陷入低谷。偌大的一个公司100多人，投资近600万，最后账上只剩余62块钱。亚伟速录机在求生存的边缘挣扎着。

在1994年到1997年，是亚伟速录机最艰难的时期。不得已，他们从中关村撤了出来，100 多人的队伍，变成三五个人，在西城区教育学院一个小角落里安顿下来。只就一念之差了。仓库里满满的机器，账面上一大堆的饥荒，每月基本没有钱发工资，剩下的人总还得吃饭呀，只得四处借钱发工资，窘迫，困境是可想而知的。

在坚持了一年后，年轻的唐可为动摇了。唐亚伟知道儿子不是因为没有挣到钱，而是看不到前景。但如果自己的儿子都走了，那谁还会坚守呢？80 岁的唐亚伟深沉地说："信息社会就要想怎么把语言变成文字，使文字流传下去，这是最基本的一个东西。困难是肯定有的，因为这是一个新的东西，我们一定要努力克服一切困难，向前走。重庆鱼洞溪时，比现在难多了，时常要饿饭的，如果动摇了，亚伟速记哪会有后来的蓬勃？"这些话，字字句句掷地有声。

他们经历了涅槃。涅槃之后，就是不死的鸟。

这个团队坚持下来了。在唐氏兄弟的带领下，应招加入亚伟速录队伍的新速录人，如王芳、廖青等，跟随唐亚伟坚守着这块阵地。他们扎实地踩稳每一个脚印。找不到案例，找不到榜样，没有人教，都是一步一步在摸索，每走一步，既要有一定的勇气，又要谨慎小心，生怕这一步迈错了，迈歪了。这些人的坚持以及对亚伟速录的不离不弃，令唐亚伟无限宽慰。

唐亚伟一生清正，如此困难也绝不允许商品化的速录机走旁门左道，如传销。终于有一天，唐亚伟在冥思苦想中，脑海中出现了法院的影子。是啊，凭自己几十年的感觉，法院是最需要使用速录机的地方。当下法院的庭审记录都是用手写，手写的速度肯定跟不上语音速度，字迹一快就变得潦草，这给办案带来很大麻烦。又想起了自己在若干年前，曾经收到法院办公厅一封支持他研发速录机的信，足以说明法院领导是希望改进手写记录庭审记录的。但也可能已经时过境迁，那位回信人可能早已不在其位了，无论怎样，法院是应该去演示与推荐的地方。

想到了突破口，怎样去向人家推销呢？唐可为想出一个比较别致的方法，他花了一个星期的时间，反复推敲，写了一封长信给最高人民法院谈速录机和自己的想法。半个月后，法院来函请他们上门演示。简直是喜从天降，从此便翘首等待去法院演示的信。焦急，他们按捺不住了，决定先去登门拜访。

亚伟速录机在最高人民法院亮相的日子，也是唐亚伟难忘的日子。

1997 年一个周五的下午，临近下班时节，唐可亮带着速录员王芳，提着一台亚伟速录机，走进中国高级法院的大门。他找到了一位办公室主任，说，为了不占用工作时间，我们这个时候才来，想给这里的同志们演示一下我们的速录机。这位主任有些犹豫，说，领导都不在，我们即使看了也做不了主啊。唐可亮忙说，不要紧，一般工作同志体会一下也好。这位主任见唐可亮满脸真诚，无奈地说，那就帮帮你吧，我能找来几个人是几个人，行吗？唐可亮连连说，可以可以。

亚伟速录机终于得以在高级法院里演示了。当录音机里发出每分钟200字的读报声音，王芳双手平稳地敲打着键盘，电脑屏幕上即刻显示出汉字时，观看的人们开始骚动了。这时，门开了，一个声音传来，问道，这是在干什么？那主任忙起立回答，说，局长，您回来了，这是在演示速录机。这位局长站住，看了几分钟，急急转身出去了，两分钟后，又拉进来另一个人。后来唐可亮才知道，这位是高级法院技术局副局长，他坐下后要求重新演示一遍。两位领导一直将演示过程看完。

第二天，他们专程来到了晓军公司，表示法院系统拟立即推广亚伟速录机，这足见法院系统的高度重视。由于当时法院系统计算机还没有普及起来，推广起来难度也是很大的。但是，最高人民法院办公厅的鲍圣庆同志依旧亲自来公司进行实地调查，并亲自参加学习，以求证亚伟中文速录机在法院庭审记录中的实用性，他的行动鼓舞了速录人，也因此不断地改进软件系统。

1996年，最高人民法院办公厅把亚伟中文速录机列入了法院工作的2010年远景规划，这无疑是对亚伟中文速录机的充分认可。从最高法院技术局局长张力理同志、副局长全国恩同志以及计算机处王德进处长，都对亚伟速记各个细节给予了密切关注。1997年开始，最高人民法院及各地方法院发了十几个文件，推广亚伟中文速录机。1998年，肖扬院长亲笔批示："此事甚好，应积极推进，各级法院领导应大力支持，开创法院现代化（包括庭审记录、办案、办公现代化）新局面。"无疑，这像及时雨一般，滋润了亚伟速录人干渴的心。从1996年开始，全国3000多家法院几乎都使用亚伟中文速录机在法庭中进行庭审记录，速录机终于从困境中走了出来。

距离中止使用速记，时隔已近30年，为法庭提供庭审记录，中文速录机再次打开了法院的大门。

法院使用速录机的消息传给唐亚伟时，已经是晚饭后，他半躺半卧在竹椅上看报纸。听了儿子的话后，愣了半分钟，将报纸放下，长长吐出一口气来，闭上眼睛，沉静得似乎是睡着了。心中映出在日本的地方法院，他见到了法庭上记录使用的速记机，那是一台需要事后翻译的机器。11年过去了，速记机要在中国的法院使用了。在他来说这也许不是较量，是一桩心事确实了却了。

20世纪80年代初，美国司法代表团访华，随团的三位资深速记员原想借机会与中国同行进行交流，未能如愿。临走前问道，没有先进的速记设备，怎么进行繁杂的案件审判？但，中国当时确实没有速记机，更没有美国人说的那种先进的速记设备（速录机）。多么尴尬而无奈。美国人怏怏地走了。这些令唐亚伟痛心的事再也不会发生了。他把脸转向放在床头的速录机，凝视着它：小巧，轻便，方方正正，黑色机身，黑色键盘，“亚伟中文速录机”几个金色的字，在机器的最上方闪闪发光，更为亮丽了。

美，太美了，是最完美的那个。他喃喃自语着进入了梦乡。

遍地开花

亚伟速录机的诞生，是唐亚伟速记生涯中，继重庆鱼洞溪时期与新中国成立后五年的兴盛期之后，再次掀起的普及热浪，朵朵鲜花开遍祖国各地。

司法界，据《人民法院报》报道，从最高人民法院到各地中级法院、区级法院，都先后派人到演示会观看演示，参加学习。得到一致认可的是，在庭审进行过程中的记录，完全可以达到开庭结束当事人即可对问答记录签字的要求。这解决了中国法律规定的法庭审理过程的记录，当事人必须要当庭认可记录属实并签字的难题。即使在国外法院使用了速记机记录，也需要等待或长或短的翻译时间。于此，在最高人民法院院长肖扬的批示下，亚伟速录机遍地开花。

湖北省高级人民法院吴院长，在全国法院第一届计算机录入技能比赛大会上说的一个实例，令人对亚伟速录机肃然起敬。1995 年，美籍华人吴宏达非法窃取国家机密，中央政法机关决定交由武汉市中级人民法院一审，省高级法院被指定为二审。这个案子，中美两国的高层外交确实是把它作为一个砝码。我们逮捕他的时候，美国人十分反感，当时世界妇女大会也即将在北京举行，美国总统第一夫人也想要参加这个会议，她说就要看中国如何审判吴宏达这个案件。在最高法院的具体指导下，中方做了充分准备，武汉市中级人民法院开庭审判，采用了现代化的记录手段，就是用速记当庭把审判过程记录下来。我们不仅让他当庭签字了，而且根据中央指示，用专机把他送到上海机场，交给上海公安处，当晚 11 点，把他驱逐出境。如果我们不采用速录，当时笔记没有整理出来，还要等几个小时，或者几天，那就不行了，在外交方面我们就未能掌握主动权。这样，得到了美国两方面的重要承诺：其一是美国第一夫人来北京参加世界妇女大会；其二是不支持台湾重返联合国。

接着，吴院长又说了一件事。他说，前不久，澳大利亚一个代表团来访，要求看我们庭审。我们到澳大利亚访问，他们开庭是用电脑记录，而且那机器的样子与我们的速录机很相似。在他们观看我们庭审时，我们当然也要使用速录技术。当庭把记录交给被告，进行签字，还有鉴定人出庭作证时的速录记录，也一并签字。这个给澳大利亚代表团的印象特别深刻，他们说，我们有八年没有来，这次来访，看到你们法院司法条件和装备大大改进，你们不是发展中国家了……

听了外国人的这席话，令中国人对亚伟速录机不得不肃然起敬。

数数亚伟速录机的家珍：牡丹江法院首先购置30台速录机，派人来北京参加了速录机使用的培训。回去后，黑龙江省高法司法厅行政处负责人便亲自赴牡丹江观看学员学习成绩。河南省高院院长看完演示，指示3年内在省下属各级法院系统内培训200人次。江苏、江西、上海、天津、石家庄、吉林、无锡、宜昌、大连等等各级法院，购置速录机后，派人来北京参加速录培训。

一时，北京的速录培训应接不暇，就决定在各地举办速录机培训班。北京、上海、天津、河北、四川、云南、江苏、浙江、山东、安徽、河南、江西、湖南、湖北、广东、广西、黑龙江、辽宁、吉林、陕西、甘肃、宁夏、内蒙古、新疆等地均设立了“亚伟中文速录机教学机构”，共计百多所。一些省市大专院校开设速记、速录机课程。一些省电视台举办“亚伟中文速录机电视讲座”，主讲人唐亚伟、雷虹、费觉敏、唐可为。学习亚伟速录机操作技术的人，不下上百万人次。

亚伟速记可谓遍地开花了。但与唐亚伟一直推崇的葛锐格博士普及速记相比，还是有很大的发展空间的。葛氏为了推广他的英文速记，从英国来到美国，一点点开展，一点点推进，以致后来葛氏速记在美国大部分学校都开设了课程，并专门设有出版社负责出版葛氏速记的书籍，其销售量在美国仅次于《圣经》，排名第二。全美国职业速记人员达500多万，2亿人口的国家有5000多万人会速记，可见欧美速记教育已经达到非常普及的程度了。速记作为一种职业技能，在发达国家的兴旺，既源于经济发展的需要，也是速记自身发展的需求，同时也与各国政府的政策分不开。[①]

① 李卓人：《回眸世纪速坛》，四川《速海文苑》，2001年第2期。

在美国，大部分人无论写日记、记录电话、课堂听课、听讲演，等等，都可以运用葛氏速记完美地把要记录的都记下来。速记在美国司法领域的应用更是广泛，几乎每个法官都配有速记员，每州都设有速记培训学校。在日本尤其在议院、法院等领域，速记人员都是一流水平，并且形成了“众议院速记法”和“参议院速记法”等专用速记体式。台湾的“监察院、立法院、司法院、考试院”等都设有速记机构，在1928年就设置速记科室和速记编制，其“《监察院组织法》”几经修改，至今仍然保留有速记机构的内容。闻名于世的香港廉政公署，也非常重视速记的应用，其负责审查工作的反贪污处，编制59人，速记人员有6人，占编制总数的百分之十以上。速记之所以得以在上述系统广泛使用，包括会议记录、案件讨论记录、询问笔录、会谈记录、调查采访、电话记录、整理录音等等[①]是由速记自身的优点决定的：具有记录语言功能，可以节省时间，又保证记录内容完整翔实。

普及为什么？以对应大量的使用。80多岁的唐亚伟说，中国是世界人口最多的国家，占全球人口五分之

---

① 李援朝：《速记与监督关系》，四川《速记与写作》，1995年第17期。

一，有这么多的人讲汉语，虽然上百万人学习，与葛锐格博士在美国进行的速记普及相比，还差得很远。唐亚伟依旧为此忧虑。

速记的兴旺与发展，和国家民族的兴旺发达密不可分。回顾“文革”时间，学校都被关闭，那十年间，文化成了最不值钱的东西，速记这个以文字为基础的行业，自然被打入冷宫，还谈何发展呢？终于，中国在20世纪90年代迈开了更大的步伐前进。

亚伟速录机走进全国人大常委会，使亚伟速录人感到有些突然。2001年夏来了两位客人，他们坐下后说，我们是会议期间使用，打字声音太大不行，能不能让我判断一下在三米以外的声音，我们想测试一下。然后请人把速录机搁在桌子上面，速录师在这儿打，他离开三米以外去听，之后，说了一句，还好。

接下来又问，敲打速录机的声音多远以外才能听到，等等问题。这神秘客人来了好几趟，后来才知道那是全国人大常委会的同志们，他们不仅要考察速录机的响声是否会影响开会，他们还考察了其他诸多的问题，其范围比一般的用户广泛了许多。

他们说，我们要看它是否有科学性，它的技术含量背后的技术背景，这是一方面。第二我们还要考察它所谓的发明情况，及这个专利是否具有自主知识产权，以及技术支持程度，第三考察实际使用效果。

当这些考察圆满结束后，亚伟速录机便出现在全国人大常委会的会议现场。2002 年 8 月 5 日，10 名亚伟速录师正式上岗。从此，在国家的各大会议场合都有速录师在场做记录。

至此，全国的法院在使用了亚伟中文速录机后，数万名书记员接受了培训，全国人大常委会、外交部组建了专门的速录师队伍，从事党和国家各种重大会议、外事活动的速录工作。在“第六次世界大城市首脑会议”、“联合国第四次世界妇女大会”、“申奥”、博鳌亚洲论坛、上海六国峰会、全国残联会议等数千场重大的国际会议场合，都见到了亚伟中文速录机的身影。

亚伟中文速录机广泛应用于电视、网络、广播等媒体的字幕制作、新闻采访工作，使媒体最大限度地发挥了其时效性、快捷性等特点，加快了信息传播的速度。中央电视台、凤凰卫视以及北京电视台等地方电视媒体，中国网、新华网、新浪、搜狐、网易等各大政府、商业门户网站以及中央人民广播电台、国际广播电台等广播媒体单位已经成为亚伟中文速录技术的主要服务客户群。

亚伟中文速录机还广泛应用于社会各领域的学术会议记录。中国电力公司、九三学社办公厅等企事业单位已经把速录记录作为一项提高效率的重要手段。

多年以来，社会上逐步形成一个新的行业，即会议记录服务行业，专门为各大学术会议、论坛、座谈会等提供现场文字记录服务。

社会的繁荣促进了需求，速录机随之兴旺。一时间，速录师变得稀缺了。据了解，北京每天的大小会议平均不下几百场，而当时北京的速记人员只有100多人，从市场需求看，速录师没有满足十分之一，全国的需求那就更为壮观了。这些需求，仅仅是就会议提供服务而言的，而政府机构、新闻单位、网站及企业等等也都是非常需要速录师的。

亚伟速录机在社会如此广泛的使用，唐亚伟成功了。纵观唐亚伟的一生，他只从事了中文速记这一项工作，直至速录机诞生，应该可以说使命已经完成，80多岁的年纪完全可以画个句号了。然而他依旧念念不忘普及速记教育的问题，他到底还是一位教育家。在他不懈的努力下，至2000年，中国设速记速录学科的学校已有300多所，尽管如此，他认为与葛锐格博士在美国学校的速记普及率还有太大的差距。

于是，唐亚伟参与了很多讲演活动。尽管他一向低调，从不参与速录机的经营，但为了普及中文速记速录教育，他多次到中央电视台教育频道专讲速记速录，给专科学校的教师传授速记知识。

这些努力没有白费，各大专院校相继开设了速录课程，其中包括：国家法官学院、国家检察官学院、上海法官学院、北京政法管理干部学院、中华女子大学、北京科技大学、广州法官学校、天津法官学校、四川广汉秘书学院，等等。

普及再普及，在中文速记发展史上看，是个硬道理。自中国发明了速记，已经一百多年了，从蔡锡勇开始，又有多少派式方案出现于历史舞台，其中不乏优秀者，不幸的是他们都如昙花一现。究其原因就是没有持之以恒，没有普及就得不到发展。做坚持、普及、发展的事，贯穿了唐亚伟的一生，在亚伟速录机成功后，他又开始了这个始终不渝的主题。

如今，依然秉承唐亚伟永不变的培训方针——那是自抗战时期重庆亚伟速记学校已然铁定的宗旨：一面培训速录师，一面又要为速录师的就业开路。这宗旨在如今的培训行当中，又是一条没有人走过的路。目前，亚伟速录培训除了在西藏、青海、台湾、澳门四个地方暂时没有开班外，已经在全国拥有大大小小的培训代理机构将近200个，甚至一些省区的县都有亚伟速录的代理机构。这些速录培训机构每年有几千人的培训量。之后，尽最大力量使其就业，进而推广使用。

唐亚伟在战争、动乱、政治压力的几十年里，是以何等坚韧的毅力与宽容的心态，开创着中文速记事业，那精美的小速录机权当做回答了。此刻，摆放在唐亚伟床头上的速录机，安静无语，不失高贵典雅的风采。

完成使命

亚伟速录机，填补了中国的一项空白。

2007 年 2 月 27 日，在北京的人民大会堂，92 岁的唐亚伟荣获国家主席胡锦涛颁发的国家技术发明二等奖（一等奖空缺）。颁奖时，唐亚伟说，主席好。胡锦涛对着这位把一生献给中文速记的老人，握紧他的手，问道，您老高寿啊，感谢您为国家做出的贡献。唐亚伟平静地说，是分内之事，分内之事……

92 岁，离亚伟中文速录机在 1994 年成功问世，足足有十多个年头过去了。此刻，唐亚伟的意识也许并不是很清晰，亚伟中文速录机对于中国的深远意义，此刻他似乎也不太清晰，而获得这殊荣的功和利，他更不清晰，唯一清晰的是，自己把此生立誓要做的事情完成了。面对国家主席，他的表情展现出来无限的踏实。

另外，早在 2004 年 5 月 27 日，国际速联授予唐亚伟终身成就奖，以表彰亚伟中文速录机的诞生，为世界做出的贡献。唐亚伟成为当时世界上此奖的唯一获得者。

之后的2006年5月，唐亚伟获北京市科学技术一等奖。此奖在唐亚伟所在的西城区，已经八年无人获得了。在北京，这个占全国科研力量40%以上，院士占全国50%以上，高等学府林立、科研机构荟萃的首都，成为北京市科学技术一等奖得主，是难能可贵的。

2006年11月，唐亚伟荣获了本奖项的最高荣誉“钱伟长中文信息处理科学技术一等奖”，以表彰唐亚伟教授在我国手写速记和电脑速记两大历史阶段所做出的无可替代的贡献。

该奖项是我国中文信息处理领域的最高科学技术奖，旨在进一步调动我国从事中文信息处理技术研究的专家和学者的积极性，激励他们研究和开发更多的新成果，以推动我国信息产业的发展。

以亚伟中文速录机为代表的我国中文信息处理学界的研究成果，在我国IT界得到广泛的应用，并形成了一批具有自主知识产权的核心技术。

一切荣誉，对于中文速录机是重要的，对于唐亚伟，如同什么事情也没有发生。平静，像他的年龄一样，90岁是一座山，是一棵不老松，是岿然不动的基石。

自1938年唐亚伟的“亚伟速记讲义”手写速记始，跳过了机械速记机，直接进入中文速录速记时代，这就是他70年的人生轨迹。描述起来是这么简单。

亚伟中文速录机的现实意义，不仅仅解决了中国长期以来没有开发出速记机的问题，在其他领域所产生的影响，也是不可低估的。长久以来，由于汉字的特殊性，输入瓶颈一直制约着计算机技术的广泛应用，影响我国信息化的进程和汉字在国际上的地位。亚伟速录技术的成功应用，标志我国中文信息处理发展到了一个新的高度，具有里程碑式的意义。

1996年，亚伟速录机问世两年后，是蔡锡勇发明中文速记整整一百年。在纪念中国速记一百年的庆祝大会上，81岁的唐亚伟做了《中国速记一百周年，继往开来，进一步促进我国速记现代化》的主题报告。唐亚伟在报告中，对蔡氏在晚清时节发明了中文速记，给予中国所做的贡献，深表敬意。因了蔡氏的《传音快字》，15岁的唐亚伟从此认识了速记，一生不离不弃，直至亚伟速录机的诞生。他认为亚伟速录机虽然解决了中文速记现代化的问题，但，开发更先进更现代化的速录机，仍旧需要速记界的后起之秀们去努力。

唐亚伟对中文速记的忠贞不渝，可谓“弱水三千，只取一瓢饮”，到了眼里揉不进沙子的境界。

我们总结唐亚伟的 70 多个春秋：他于 20 世纪 30 年代将椭圆流线体葛氏速记引进中国，创造了亚伟手写速记，可以称作中国速记史的一次革新，培育了几代中文速记者，他的学生与学校遍及全国，数量之大成为速记历史之最。50 年代初期，唐亚伟与颜廷超、闫德勤联手创立的《三 Y 式斜体速记》，以苏联俄文速记为蓝本，成为中国速记史第二次革新。在 90 年代初期，电脑进入中国后，唐亚伟大胆舍弃研发速记机，而开始向电脑速记化跨越，历经数年艰辛研发，亚伟速录机问世，使中国速记进入世界先进水平。这是第三次飞跃。亚伟速录机的问世，使中国信息输入、办公自动化发生了巨大变化。

亚伟中文速录机在全国近 3000 家法院投入使用，整个法院系统约 1 万名使用者为法庭书记员。2000 年全国人大组建专职速记队伍，为人大会议做现场记录。全国两会、国务院、外交部新闻发布会和听证会，速录机是必不可少的。外交部组建了自己的速录师队伍，作为国家领导人的重大会议速录员，保证国家领导人的重要出访时有速录师随行。

中央电视台全台的电视节目字幕制作，几乎完全是专业亚伟速录师完成，很多新闻发布会、重要会议及互联网组织的嘉宾聊天等节目，均采用亚伟速录形式直播。

2003年，中国劳动和社会保障部颁布了《速录师国家职业标准》。速录在中国有了国家认可的速录师专业证书，这是速记史上的又一次飞跃。速录师，这个前所未闻的职业诞生了。

至2010年，因亚伟速录机的科技发明与广泛应用，专职从业速录师达到10万人。而且作为一个新生行业，在中国经济市场稳步繁荣的大背景下，这支队伍会不断壮大，为就业市场做出怎样的贡献，可想而知。

由此，全国的市场上出现了上百家专业服务公司，服务于各种机构的需求，尤其在北京，在职速录师的数目更为可观。这是由于社会的繁荣，更是由于其实用与易学的特性。在国家颁发了速录师专业证书后，起码有数万人在使用亚伟速录机，正在学习者便不计其数了。

速录师入门的门槛不高，除需要一点点灵气外，只需勤奋与努力了。速记师王秋颖，黑龙江省宝清人，毕业于农机学校。毕业后在酒店与商场工作过，都因种种原因离开了。1998年来到北京，在眼花缭乱的广告中，她决定学习速录试试，因为这可以使自己有一技之长，会好生存一些。初衷是这样的简单。当这个瘦小而平凡的姑娘，十年后跟随国家领导人出访各国，为重要的首脑外交会谈做记录时，她没有把她的努力忽略，也没有把速录这个行当的潜在技术性忽略，她更没有把她的恩师忽略。

王秋颖进入外交部后，受命为江泽民撰写的书做速录，当这本书完成后，时逢江泽民的八十寿诞，小王应邀出席时得到一篮寿桃，欢喜之下她迫不及待来到唐家，把这篮子寿桃呈献给恩师唐亚伟，以表感恩之情。回想自己刚开始学习速录时，下大力量到了每分钟 160 字，再往上，每 20 字都很困难了，这是每个速录学习者必然的一个坎儿。在又一次试打后，成绩依然不佳，她哭了。这时，常走走看看的唐亚伟过来了，轻声说："不要哭啊，这是每个人都要经历的，要有信心，困难总是暂时的，你一定可以迈上去。"听着是唐老的声音，小王赶紧站起来，她看到了年近 90 岁的唐亚伟，老人的脸上满是慈祥，满是信任。面对这位亚伟速录机的发明者如此真诚的信任，小王心想，老人家的话肯定不会错。于是，几年后，这个平常的农村女孩，以速录师的专能，做着记载当代中国发生的最为重要的事情。

国家领导人身后的速录人员，成了中国的一道风景线，其靓丽程度，令中国速录人的自豪感绝不亚于当年在"空军一号"上为卡特总统工作的美国速录人。

在第 45 届国际速联大会上，时任外交部档案馆馆长的廉正保在发言中，向全世界说："亚伟速录机是目前中国使用最普遍的专用计算机速记设备，同时也是速度最快的计算机人工汉字输入设备。该机与计算机直接连接，通过专用软件对速记内容进行即时翻译，同时支持双人双速录机协同操作，既能够对速记内容进行同步校对编辑，还可以互相替换进行速录。这样，讲演一结束，立刻可以得到速记记录稿件。

“自 1994 年问世，历经几次换代更新。硬件人员在 2003 年改进了亚伟速录机本身的功能，增加了将速记内容记录在速录机内存中进行保存的功能，使速录机可以脱离计算机甚至在移动状态下工作，再将信息上传到计算机中即可得到记录稿，这就增加了速记工作的灵活性和应用场合。2004 年成功改进了亚伟速录机的信号传输方式，增加了与计算机以无线方式进行连接的功能。2006 年，为减少噪音，无声机诞生。软件工程师也不断改进专业软件系统，使其更加智能化，转换的准确率更高，使用更加方便。亚伟速录机一次次迈进世界先进行列。亚伟速录机是唐亚伟教授在长期研究机械速记的基础上结合先进的计算机原理发明的，在项目计划的不同时期，超过 50 位专业技术人员、博士、硕士、工程师共同参与了这个计划的工作。”

与发言的同时，中国速录第一人、高级速录师王芳进行了同步记录并大屏幕投影，当一串串汉字随着廉馆长的声音出现在大屏幕上时，在场各国速记专家无不惊讶，并报以热烈掌声。

中文亚伟速录机，以其先进的性能、优异的性价比，以及小巧轻薄的特长，在参赛产品中脱颖而出，许多国家厂商提出合作意向。

在第45届国际速联会议上，讨论决定了由唐可亮接替韩珠璇国际速联中央委员，并增补北京市速记协会秘书长廖青、北京市速记协会副秘书长王芳、亚伟速录教育家蒋朝参等八名（执行）理事席位。同时，确定2007年第46届大会在捷克首都布拉格举行，并设立中文比赛项目。提议第47届国际速联年会由中国速记界组织、承办的动议。

第46届国际速联年会2007年在捷克首都布拉格举行，会议选举国际速联中央委员、北京市速记协会理事长唐可亮为第47届速联主席。此前，在2006年9月举行的国际速联中央委员会会议已经决定，2009年第47届国际速联年会在中国的北京举行。唐可亮的当选，在国际速联史上和中国速记史上意义深远，这是国际速联第一次选举非欧洲人士担任主席，且决定的第47届年会在北京召开——国际速联走出欧洲大门之外开会，这是极其少见的。1893年，第五届国际速联大会在美国芝加哥举办，100多年过去之后，第二个在欧洲以外举办国际速联大会的国家，便是中国。

在第 46 届国际速联大会上，中国选手首次参赛。参加“极速听打”成人组的选手——北京市速记协会副秘书长王芳和全国人大信息中心速录师刘艳，均获得不同项目亚军，中国人第一次登上国际速联大赛的领奖台。最能体现速录师水平的“实时听打”项目，我国有六位选手进入前十名。

2009 年，第 47 届国际速联大会在北京隆重召开。

国际速联（INTERSTENO）即国际信息处理联盟，1887 年在伦敦建立，属非营利组织，120 年的时间里，组织的目标和发展不断发生着变化和发展，但国际速联一直遵守着它的宗旨：文字作为信息。“二战”以来，著名人士马塞尔（Macine）从瑞士为该组织注入新的力量，使该组织主要集中在专业速记领域。它是一个全球化的信息处理专业性组织，是全球速记工作者、速记爱好者团结合作的纽带，是速记界交流的平台。

8 月 15 日，北京的国家奥林匹克中心，下午 3 点 38 分，95 岁高龄的唐亚伟手举会旗缓缓起身，平静而庄严地宣布：“第 47 届国际速联大会开幕！”

当 95 岁的他缓缓坐下时，两行热泪瞬间淌了下来。中国的中文速记技术在世界上有了举足轻重的分量，让他平静很久很久的心激动了。为了这一天，他倾其身心投入了整整 80 年。两年前在人民大会堂，胡锦涛主席授予他技术发明奖，是珍贵的褒奖，他在接受时浑身充满着的是幸福。而今，这一切说明了中文速记已经跨出国门，在世界舞台显示出举足轻重的分量。

正如国际速联秘书长简·保罗·特维奇奥（Gian Paolo Trivulzio）先生在发言中所说的，“国际速联大会仅仅是第二次在传统的欧洲国家以外的地方举办。在接受我们的中国朋友的申请，国际速联再次表明自己能够克服文化差异和扫除任何障碍，相互了解。这不是一件容易的目标，但实现了一个开放的态度，并不断交换意见和单独联系我们的成员”。

本届大会主席唐可亮在开幕式的祝词中说：“今天，122 岁的国际速联与 113 岁的中国速记，在世界的东方相聚了，我们相信，这将开启一个全新的时代。”

来自世界各地 26 个国家的 546 位业界知名人士、学者和选手汇集北京，大会进行了学术交流和比赛，共有中外学者 19 人在大会上做学术报告、主题演讲；成立了以中国人为主席的国际速录教育委员会；中国选手再次展示了亚伟速录机的风采，在比赛中成绩优异，获得 16 项冠军及奖牌总数第一。就此，中国速录全面跨入世界先进行列。

国际速联第 47 界大会在北京的成功举办，开启了速记一个新的时代，标志着亚伟中文速录机的诞生为中国、为世界记录语言声音做出了意义深远的贡献。

他的学生对这深远意义如此评价："亚伟速录巧妙地将中文速记技术与计算机技术有机地结合，创造性地设计了一击可录入两个汉字的专用键盘，独具匠心地仅用 11 个字母表示全部汉语拼音，同时结合人体工学、运动生理学和心理学的原理，采用'弹钢琴'般的击键方式，科学合理地实现了低强度下的高速度，成功突破了语言信息采集的瓶颈，做到'语音落，文稿出'，是国内首创并达到国际先进水平的划时代专利技术。它的运用，进一步促进了汉语语言与现代科技的紧密结合，把稍纵即逝的语言转换成文字，为人们留下大量的信息资料和历史文献，为中文信息处理提供了一种高效实用的语言信息采集手段。"

亚伟中文速录机工作时，由速录师边听边打，又悄然地在电脑屏幕上同步出现为汉字。这灵气，这优雅，更是挥之不去的平和与辉煌。

亚洲矗立起一座雄伟的大厦，唐亚伟完成了历史赋予他的使命。

九江之歌

2007 年的秋天，唐亚伟重回故里九江。这个令他魂牵梦萦的地方，70 年来的日日夜夜，从不曾有一天忘记它。这片质朴的土地，庐山与长江并存的山水，滋养陶冶了他的心性。平和与努力。像庐山，永远磅礴大度，像长江，永远生生不息地付出，养育着中华民族的儿女们。

九江，让他走上了速记这条路。经过 70 多年的执着攀登，他如今已被人们尊称为“中文速记泰斗”、“现代速记开山之祖”。他发明的亚伟速录机遍布全中国，他的学生到底有多少，根本无法统计。因其发明的中文速录机填补了中国的一项空白，国家主席胡锦涛授予他国家技术发明奖。在世界速记史上，受到国家如此嘉奖的仅仅只有四位，他便是其中之一。

这一切之后，他悄然无声地回来了。唐亚伟似乎什么都没有变，依旧是布衣布鞋，依旧是一碗米饭一碟炒西红柿足矣。

踏上九江的土地，唐亚伟想起了上一次回来的情景。那还是 1946 年乘坐冯玉祥将军的民联号轮船出川，中途在九江停靠，他上了岸，回到清风阁的家。家没有被战火吞噬，只是落满了灰尘。记得他跑上楼，那是他曾经住的屋子，发现墙角放着一个纸箱子，打开一看，里面是他儿时的小人儿书，上面全是用图画讲的故事，什么《济公》，什么《三国演义》，什么《水浒传》

等等，码放得整整齐齐，一丝不乱。显见，这是母亲在逃亡重庆前整理留下的。八年来，九江多次遭遇日本飞机轰炸，这箱子书竟然安然无恙。30开外的唐亚伟不禁一阵激动，贪婪地捧着儿时的这些书，一本本地翻看，仿佛回到了七八岁，那时对图画的喜爱胜过一切，如果不是后来在给校长做记录遇到困难，开始了对速记的研究，此生定要从事美术艺术。

自那次离开故土，又有50多年过去了，如今92岁的唐亚伟与妻子戴志贞，由几个儿子保驾，从北京启程直奔九江而来。路还是很远，桑榆暮时，不顾长途跋涉，只为看看九江是否与梦里一样。

戴志贞的娘家同在九江，她在这里出生，读书到17岁，才升到赣江高级妇产学校去学习。对故乡的眷恋，全是儿时的回忆，夫妻二人对此地同有"十年生死两茫茫，不相见，自难忘"之情。唐亚伟和戴志贞这次回到故乡，走遍了九江的大街小巷。在烟水阁，他们想起了儿时每年的五月节，这里都要赛龙舟，那热闹之极的场面，恍如昨日。琵琶亭内奏琵琶，这里是白居易在深夜的江边唱出《琵琶行》的地方，……

如今在唐亚伟的眼里，不管外面的世界如何嘈杂，它们却始终这么安静，宛如熟睡着。

庐山是必然要上的。几个人登上好汉坡，唐亚伟找到了学过徒的杂货店旧址，那店早已无踪影，现在是一条马路，两旁是绿茵茵的草地。这时，一向平静的唐亚伟却很动情，在这里流连了很久。坐在一块石头上歇息时，说起了学徒时的一段事。“那时店里也是常常挂出招牌，写着大大的字‘大義賣！’店主因唐亚伟字写得好，很放心地让他写几幅贴出去。他听了，想也没有多想，拿笔写了几幅‘大羲買’便到处张贴了。于是，半条街上都看见这个‘羲買’，庐山别墅里住着很多有文化的人哪，比如说国学大师陈寅恪（江西世代书香门第，祖父陈宝箴曾做清朝湖南巡抚，父亲陈三立为光绪十二年进士及第，出任过京师吏部主事），隐居后，就在庐山的牯岭建造了自家的别墅，取名‘松门别墅’，因为比其他别墅大，而且自备发电机照明，所以很有名。后来听说陈三立老先生在这里居住多年，80 岁大寿时，蒋介石送巨额寿礼，老先生拒收。不求闻达，不结交官场，你们说说，那时，庐山上住着这样的人，我写了一个大大的错字，还不足以引得人好奇吗。待店主看见了，才知道满街的错字，赶紧让人去都揭了。但，这个‘大羲買’已经被人观赏好几天了。”说着，唐亚伟叹了口气，低声说：“那次让师傅出丑了，我心里好难过了一阵子。其实师傅就是表舅，事后他并没有谴责我，只说十来岁的孩子，难为你了。可是在我，那一次错误我记住了，后来一生没有再犯过。”这个“记住”与“一生没有再犯”，以及讲述陈三立老先生的言辞，无不溢出唐老先生不依附权贵的秉性，表面看来是教子，却含蕴了唐亚伟平和又不平凡的心性。

唐亚伟的速录机问世，中国的一个难题解决了。他并没有太大的激动，逐渐回归原本平静而低调的生活中。只有平静他才感觉舒服。这次九江之行，未惊动九江的一官半职人物，没有任何官场形式的应酬与聚会，除了与唐氏家族现在九江居住的大房那支的侄儿们畅谈，再无其他热闹场面。

九江边。唐亚伟与戴志贞共叙80年前往事。

在九江的最后几天，唐亚伟带领妻子与儿子们祭拜了父亲与祖父的坟墓，又在这青山绿水中，回忆起自己读私塾时，沉迷于美术，父亲那时是多么着急，深怕这个儿子因不务正业而荒废了学业，又想起母亲因自己看书能忘记吃饭、怕自己成了书呆子而发愁。此时，唐亚伟觉得，不富裕的父母对自己绵绵的期望里，融进的是源远流长的九江风格，并不是望子成龙，而是人一定要有些文化底蕴活在这世上。他回头问儿子，这里用上速录机没有？儿子答，江西省南昌市早就开始用了。他听了儿子的这话，想了想，又说，他们用得怎么样？有没有说不好学的？儿子答，两次全国速录机大赛，前一二名都是江西选手夺得。最高每分钟打出250字，被江西省高级法院聘用了。听了儿子的话，唐亚伟脸上显出了无限的舒畅，将眼睛又投向那郁郁的群山。

人杰地灵。是的，莫辜负了九江的这山，这水。

唐亚伟要把熟悉的九江再走遍，他与戴志贞相互搀扶，在长江边几乎每天都漫步到很晚很晚，常常情不自禁地吟出“采菊东篱下，悠然见南山”。70余载的风雨过后，怎不想起陶渊明。也许不会再回来了，他们二人心里都默默地反复着这句话。

自15岁在南昌书摊遇见了蔡锡勇的《传音快字》，整整67年过去了。在这将近70年里，他用一砖一瓦建造中文速记的大厦，每块砖瓦上面都浸透着他洒下的滴滴血汗，默默经历了风雨沧桑70年，终于，在亚洲，一座伟大的速记大厦，擎天而立。

唐亚伟为中国唱出了一首平和与辉煌的歌，令世界所瞩目。

2012 年 2 月 26 日一稿

2012 年 3 月 27 日晚校正稿

2012 年 8 月 9 日完于绿屋

主要参考文献

唐亚伟主编：《中国速记百年史》，学苑出版社，2000 年。

唐亚伟著：《亚伟速记学》第 11 版，亚伟图书出版社，1948 年。

唐亚伟主编，费觉敏、韩珠璇、苏丽莹、唐可为、廖青著，《亚伟速记教程》，中国文联出版社，2006 年

范立荣、王明阳：《速记理论纲要》，北京市速记协会，1983 年。

关彤、唐可为、费觉敏：《亚伟式中文速记》，北京师范大学出版社，1994 年。

韩珠璇：《文字比较研究散论》，中央民族学院出版社，1993 年。

王正：《改革开放三十年我国速记事业发展》，《四川速海文苑》，2007 年第 1 期。

伍天峙：《我的母亲》第七辑，香港中国文化馆，2000年。

李扬：《沈从文的最后四十年〉》，中国文史出版社，2005年。

冯玉祥：《我的抗战生活》，解放军文艺出版社，2002年。

韩子渝：《重庆旧闻录——学界拾遗》，重庆出版社，2006年。

王一心：《陶行知最后的圣人》，团结出版社，2010年。

三育同学会编辑：《忆桥头纪念集》。

鸣 谢

在本书完成之际，感谢香港三育书院蔡锦程教授、广州安息日会张子善先生、原重庆鱼洞溪亚伟速记学校教师伍天峙先生、亚伟速记专家韩珠璇女士、外交部档案馆馆长廉正保先生、北京市速记协会秘书长廖青先生给予的真诚帮助。

作者

2012 年 8 月 9 日